弁護士 狩倉博之［著］

多数の相続人・
疎遠な相続人との

遺産分割

学陽書房

は　し　が　き

　相続に関する講演・セミナーの依頼を受けることが少なくないが、その際、常に好評を得ているテーマとして、「多数の相続人・疎遠な相続人との遺産分割」があげられる。著者の法律事務所では、相続人が10名前後の相談・依頼は通常となっており、20名を超えるケースも珍しくない。相続人多数の遺産分割に対するニーズは高い。

　本書は、著者の経験を踏まえ、多数の相続人・疎遠な相続人がいる場合の遺産分割を確実かつ円滑・迅速に解決するための実務上の方策と工夫を紹介・提案することを目的としている。解説にあたっては、具体的な事例を設定し、被相続人の配偶者の立場から同事例を解決していく形をとった。序章において事例を設定し、初回法律相談（第1章）、遺産分割に先立つ調査（第2章）、遺産分割協議（第3章）と調停手続（第4章）それぞれの実際といったように、時系列にしたがった構成とした。また、協議ができない場合の対応方法（第5章）と遺産分割成立後の不動産登記手続や税務等（第6章）についても取り上げ、第7章では兄弟姉妹ないしは子の立場に立った場合の注意点にも触れている。

　本書の構成にしたがって順に読み進めることで、相続人が多数・疎遠な場合に限らず、広く遺産分割全般の解決方法として参考になればと期待している。また、遺産分割の流れを短時間で確認するため、事例部分のみを拾い読みするといった利用方法も想定している。なお、法改正に関する事項等については、「補足解説」を設けた。

　相続人が多数となる場合、遺産分割の解決に手間がかかるのは事実であるが、「やり方」さえ間違わなければ解決しやすい面も有している。本書がその「やり方」を提案するものとなれば幸いである。

　執筆にあたっては、多くの税理士・司法書士の皆様からご教示とご示唆をいただいた。また、出版にあたっては、学陽書房の大上真佑氏にご尽力をいただいた。この場をお借りし、心から感謝申し上げる。

　令和5年4月

狩　倉　博　之

解決までの流れ

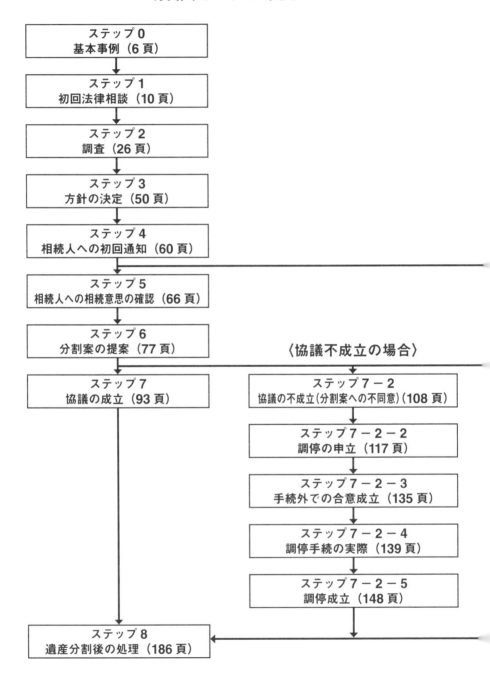

ステップ0
基本事例（6頁）

ステップ1
初回法律相談（10頁）

ステップ2
調査（26頁）

ステップ3
方針の決定（50頁）

ステップ4
相続人への初回通知（60頁）

ステップ5
相続人への相続意思の確認（66頁）

ステップ6
分割案の提案（77頁）

〈協議不成立の場合〉

ステップ7
協議の成立（93頁）

ステップ7－2
協議の不成立（分割案への不同意）（108頁）

ステップ7－2－2
調停の申立（117頁）

ステップ7－2－3
手続外での合意成立（135頁）

ステップ7－2－4
調停手続の実際（139頁）

ステップ7－2－5
調停成立（148頁）

ステップ8
遺産分割後の処理（186頁）

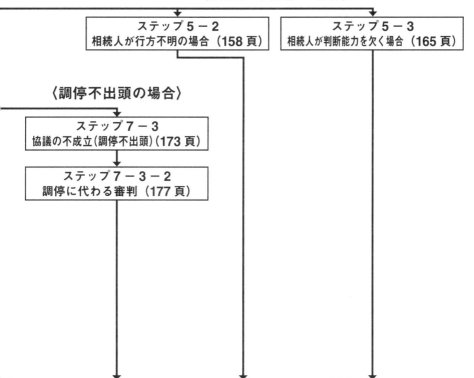

〈協議ができない場合〉

| ステップ5−2
相続人が行方不明の場合（158 頁） | ステップ5−3
相続人が判断能力を欠く場合（165 頁） |

〈調停不出頭の場合〉

| ステップ7−3
協議の不成立（調停不出頭）（173 頁） |
| ステップ7−3−2
調停に代わる審判（177 頁） |

CONTENTS

第2章　協議に先立つ準備

第3章　遺産分割協議の実際

第4章 協議が成立しない場合

第5章　協議ができない場合

第6章　遺産分割成立後の処理

第7章　兄弟姉妹などの立場から

書式

補足解説

凡　例

【法令】

家事法　家事事件手続法

不登法　不動産登記法

【裁判例】

最判　　最高裁判所判決

最決　　最高裁判所決定

【判例集・雑誌等】

民集　　最高裁判所民事判例集

集民　　最高裁判所裁判集民事

判タ　　判例タイムズ

【文献】

潮見	潮見佳男著『詳解　相続法（第2版）』（弘文堂、2022年）
逐条解説	金子修編著『逐条解説　家事事件手続法（第2版）』（商事法務、2022年）
片岡・遺産分割	片岡武・管野眞一編著『家庭裁判所における遺産分割・遺留分の実務（第4版）』（日本加除出版、2021年）
片岡・財産管理	片岡武・金井繁昌・草部康司・川畑晃一著『家庭裁判所における成年後見・財産管理の実務（第2版）』（日本加除出版、2014年）
荒井	荒井達也著『Q&A　令和3年民法・不動産登記法改正の要点と実務への影響』（日本加除出版、2021年）
7士業	狩倉博之編著『7士業が解説　弁護士のための遺産分割』（学陽書房、2022年）

序　章

多数の相続人・
疎遠な相続人がいる場合の
遺産分割

本章では、多数の相続人・疎遠な相続人がいることにより、遺産分割が困難となる反面、遺産分割を成立させやすくする要因ともなることを解説し、本書の目的と解説の方法を確認する。

遺産分割における近時の傾向と本書の目的

1 多数の相続人・疎遠な相続人との遺産分割

　相続人が複数いる場合、遺産は**共有**とされ（民法898条1項）、各相続人はその相続分に応じて共有持分を有する（同条2項）。**遺産分割**とは、共有状態となっている個々の遺産の帰属を確定させる手続である。遺産分割をめぐる紛争は、引き続き増加しており、その事実関係と法的問題は複雑化している。特に、相続人が多数で、その関係性が希薄なケースに関する相談・依頼が増えており、従来から存在し、解決がされないままとなっていた多数の相続人・疎遠な相続人との間の遺産分割が顕在化してきているように感じる。

　多数の相続人・疎遠な相続人がいる場合、相続人の存在・所在が明らかではなく、遺産分割について協議しようにも、どのようにして連絡をとればよいかがわからない場合もあり、遺産分割に困難がともなうことが少なくない。

2 事例を通じた具体的な理解

　本書では、多数の相続人・疎遠な相続人が登場する事例を設定して、同事例を解決していく過程を具体的に示すことで、多数の相続人・疎遠な相続人がいる場合の遺産分割の進め方を提案するものである。また、その前提として、遺産分割に関する基本的知識を整理し、相続人の多寡にかかわらず、遺産分割事件の解決までの流れと解決方法を理解してもらうことを目的としている。

2　多数の相続人がいる場合の特徴

1　相続人が多数となる原因

　少子化が問題となっており、子のない夫婦も珍しくない。子のない夫婦の一方が死亡した場合、残された配偶者と被相続人の兄弟姉妹が相続人となるが、父母の一方を異にする兄弟姉妹（いわゆる**「半血兄弟姉妹」**）が存在したり、**代襲相続人**が存在したり、さらには被相続人の死亡後、遺産分割が済まないうちに兄弟姉妹の一部が死亡し、**二次相続**が発生したりすることで、遺産分割の当事者が多数となる。また、その関係性は希薄であることが少なくない。

　このような場合、①相続人の居住地が広範囲に及び、②相続人の存在・所在が明らかでない場合があり、③高齢な相続人や、④相続に関心のない相続人がおり、遺産分割の成立を困難にさせている。

2　遺産分割の成立にプラスとなる要因

　多数の相続人・疎遠な相続人がいる場合、前記のとおり遺産分割の成立を困難にさせる要因となる一方で、配偶者を除いては、個々の相続人の相続分は少額に留まることが一般的で、遺産を取得することや取得する遺産の多寡に関心がない相続人が少なくないため、分割案に同意を得やすい面があるともいえる。調査と相続人に対する対応を適切に行うことで、**確実に解決できる事件類型**ともいえるのである。

　多数の相続人の存在から遺産分割への着手を躊躇しているケースを目にするが、そのままにしておくと相続人はさらに増え、より疎遠となってしまう。大切なのは遺産分割の内容と進め方であり、思い立った時点で速やかに分割手続に着手すべきである。

3　遺産分割に着手する契機

　相続税の申告を要する場合には、相続開始があったことを知った日の翌日から **10か月以内** に相続税の申告・納税を要し（相続税法27条1項・33条）、配偶者の税額軽減（同法19条の2第1項）等の適用を受けるためには、遺産分割が成立していること要する（同条2項）。そのため、相続人において、申告期限までに遺産分割を完了させようと努力する契機となる。しかしながら、法律上、**遺産分割の成立に期限はなく**、相続税の申告が必要ない場合には、遺産分割をしないまま、放置されているケースも少なくない。遺産分割の未了による **所有者不明土地** の拡大が問題になり、対策のための法改正が行われたことからも明らかであろう。

　相続税申告が不要な場合に遺産分割に着手するきっかけとしては、相続人のいずれかにおいて、何らかの理由から資金が必要となり、遺産を換価する必要が生じたような場合や、遺産中の建物が空き家のままに放置されていたところ、倒壊の恐れが生じ、近隣住民や行政から対応を求められたといったような場合があげられる。

　所有者不明土地の発生の防止を目的とした **令和3年の不動産登記法改正** により、相続登記が義務化されることになった（下記【補足解説①】参照）。同改正により遺産分割自体が義務化されたわけではないが、登記が義務付けられたことにより、遺産分割に着手する一つのきっかけとなり、改正法の **施行（令和6年4月1日）** に向け、未分割の遺産を分割しようとの要請は高まることが予想される。

［補足解説①］　**相続登記の義務化**

1　義務化の目的

　相続登記がされないことによる所有者不明土地の発生を予防するため、令和3年不動産登記法改正により、相続登記が義務化された。

2　相続登記の申請の義務付け

　相続により所有権を取得した者は、自己のために相続の開始があったことを知り、かつ、当該所有権を取得したことを知った日から3年以内に、所有権移転の登記を申請しなければならない（不登法76条の2第1項）。遺産分割が成

立していない場合、法定相続分での相続登記（共有登記）を申請することで義務を履行したものとされる。

3 相続人申告登記

　相続登記の申請義務を負う者は、登記官に対し、所有権の登記名義人について相続が開始した旨及び自らが当該登記名義人の相続人である旨を申し出ることができ（不登法76条の3第1項）、申請義務の履行期間内（3年以内）に申出をした者は、申請義務を履行したものとみなされる（同条2項）。義務化の目的を実質的に達成するため、簡易な義務の履行方法を新設したものである（潮見384頁参照）。

　申出があったときは、登記官は職権でその旨並びに当該申出をした者の氏名及び住所等を所有権の登記に付記する（同条3項）。

4 遺産分割がされた場合

　法定相続分での相続登記後に遺産分割がされた場合には、当該遺産分割によって相続分を超えて所有権を取得した者は、遺産分割の日から3年以内に、所有権移転登記を申請しなければならない（不登法76条の2第2項）。相続人申告登記後、申告登記の申出をした者が所有権を取得したときも同様である（同法76条の3第4項）。

5 申請義務違反の効果

　正当な理由がないのに登記申請を怠った場合は、10万円以下の過料に処せられる（不登法164条）。

6 施行日

　令和6年4月1日施行であるが、施行日前に開始された相続にも適用され、「施行日」または相続の開始と所有権の取得を知った日のいずれか遅い日から3年以内に登記申請を要する（潮見381頁）。

3 本書のモデルケース

　初回法律相談において、弁護士が相談者から聴取した内容を要約した次の事例を素材として、遺産分割がどのように解決されていくかを次章以下で紹介・解説していく。

　設定した事例は、被相続人の配偶者から被相続人の兄弟姉妹に遺産分割を求めていくものであるが、第7章において、兄弟姉妹の側に立った場合の解決のポイントについても解説する。

　なお、紙幅の都合上、相続人が10名程度の事例を設定しているが、本書が解説・提案する遺産分割の解決方法は、相続人の人数が増えることにより時間及び手間が余計にかかることを除いては、より多数の相続人がいる場合でも、妥当するものと考える。さらに、相続人の人数が比較的少数の場合にも、遺産分割に臨む**基本的な考え方に違いはないので、広く遺産分割全般に応用できる**はずである。

ステップ 0 …… 基本事例

①相談者と被相続人の関係

　相談者Xは被相続人Yの妻で、XとYの間に子はない。

　Xは、Yが令和3年6月2日に死亡するまで、XとYが共有する自宅マンションで一緒に暮らしており、Y死亡後は同マンションに単身で居住している。

　Xは相談時に76歳と高齢ではあるが、会話や記憶はしっかりとしており、判断能力に問題はない。

②Yの親族（11頁の相続人関係図を参照）

　Yにはその両親の間に兄3名と姉1名がいたが、一番上の兄はY死亡前に死亡しており、子があるかどうかはXにはわからない。

また、Y死亡後に姉が死亡しており、姉には子があり、Xはそのうちの1名とは面識があるが、他に子があるかはどうかはわからない。Yの父は、Yの母と結婚する前に死別した妻がいたが、先妻との間に子があったかどうかはわからない。

③Yの遺産（12頁の遺産目録を参照）

　Yは、平成8年ころ、当時所有していた一軒家を売却し、その代金でマンションを購入して、死亡するまでXと2人で、同マンションで暮らしていた。死亡する2年前には、同マンションの持分2分の1をXに贈与している。

　また、〇〇銀行〇〇支店に定期預金と普通預金、ゆうちょ銀行に通常貯金があり、〇〇銀行〇〇支店の預金通帳には令和3年5月1日時点で定期預金が2000万円、普通預金が300万円と記帳されており、ゆうちょ銀行の貯金通帳には令和元年12月27日時点で150万円と記帳されている。さらに、△△証券に証券口座を開設し、□□社株式500株と投資信託を保有しており、令和4年9月30日の評価額はそれぞれ500万円となっている。その他、自宅内にYが所有していた家財が残っているが、高価なものはなく、古いため無価値だと思われる。なお、他にも預金等があるかもしれず、預貯金残高が前記の各金額から増減しているかどうかもわからない。

④Y死亡後の経過

　Yには以上のような遺産があったが、遺言は作成しておらず、また、相続人が多く、つきあいのない相続人もいるので、Yの遺産分割について協議などはしないままになっている。

⑤相談内容

　Yの遺産をそのまま放置しておくわけにもいかないので、Yの兄弟姉妹らと協議して遺産を分割したいが、相続人が多数で、ほとんど付き合いがなく、わかっている以外にも相続人がいるかもしれず、

特にＹの父と先妻との間にも子がいたかもしれないので、どうした
ものかと悩んでいる。

　また、不動産の価格はどのように算定するのか、他に預貯金がな
いかをどうやって調べるのかといったこともわからない。どのよう
に遺産分割を進めていけばよいかを教えて欲しい。

初回法律相談

本章では、遺産分割に関する初回法律相談において、どのようなことを、どのようにして聴取していくべきか、聴取にあたって、どのような点に留意し、工夫するとよいかを解説する。そのうえで、見通しの立て方と相談者への伝え方、受任にあたって注意すべき点を取り上げる。

初回法律相談
のポイント

ステップ 1 …… 初回法律相談

相談内容

　K弁護士は、令和5年1月31日、K弁護士の法律事務所におい
て、知り合いの税理士から紹介されたXから、要旨【ステップ0】
基本事例（6頁）の内容の相談を受けた。

　K弁護士からXに対し、どのような遺産分割を希望するのかを質
問したところ、Xは、X自身が持分2分の1を持っているマンショ
ンの残りの持分2分の1を取得して、他の相続人には、預貯金等か
ら支払うべき金額を支払い、残りがあればもらいたいとのことで
あった。

※Xからの聴取結果とXが持参したマンションの登記事項証明書、預貯金通帳
　及び証券会社発行の取引残高報告書に基づき、K弁護士が整理したYの親
　族関係と遺産の内容は、以下の［相続人関係図（令和5年1月31日時点：暫
　定）］（次頁）と［遺産目録（令和5年1月31日時点：暫定）］（12頁）のとお
　りである。

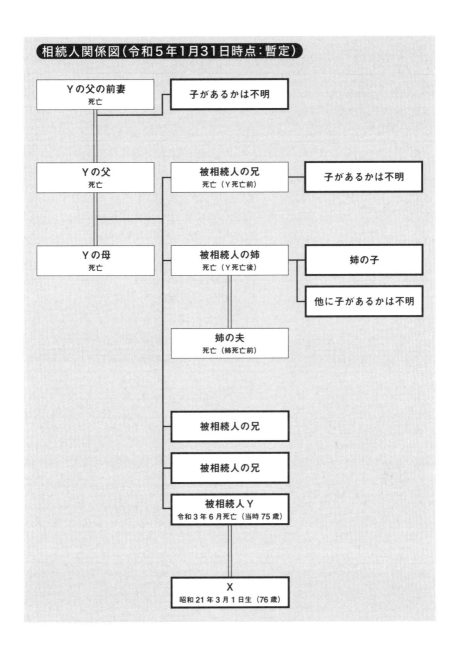

相続人関係図（令和5年1月31日時点：暫定）

Yの父の前妻 死亡	子があるかは不明	
Yの父 死亡	被相続人の兄 死亡（Y死亡前）	子があるかは不明
Yの母 死亡	被相続人の姉 死亡（Y死亡後）	姉の子
		他に子があるかは不明
	姉の夫 死亡（姉死亡前）	
	被相続人の兄	
	被相続人の兄	
	被相続人Y 令和3年6月死亡（当時75歳）	
	X 昭和21年3月1日生（76歳）	

遺産目録（令和5年1月31日時点：暫定）

不動産	自宅マンションの2分の1の共有持分		¥15,000,000	
預貯金	○○銀行○○支店　定期預金	¥20,000,000		R3.5.1 時点残高
	○○銀行○○支店　普通預金	¥3,000,000		R3.5.1 時点残高
	ゆうちょ銀行　　通常貯金	¥1,500,000		R1.12.27 時点残高
	小計		¥24,500,000	
有価証券	□□社株式　　　500 株	¥5,000,000		R4.11.30 時点残高
	投資信託	¥5,000,000		R4.11.30 時点残高
	小計		¥10,000,000	
動産	自宅内の家財		¥0	無価値
合計			¥49,500,000	

※相続人と遺産の全てが明らかになっているわけではなく、調査が必要である。

※YからXへの生前のマンションの持分2分の1の贈与は、特別受益にあたることから、各相続人が具体的に取得できる相続分を算定するにあたっては、特別受益の遺産への算入（持戻し）を免除する意思表示があったといえるかを検討しなければならず、贈与の時期を確認する必要がある。

※Xは、Y死亡時にYの葬儀にかかった費用をX自身の預金から支出しているとのことであり、Xとしては、可能であれば、遺産分割にあたって葬儀費用を考慮してもらいたいとのことであった。

現時点での見通しの説明

　聴取した結果を踏まえて、K弁護士は、Xに対し、以下のとおり現時点での見通しを説明した。

①Xが承知していない相続人がいるかいないかにかかわらず、Yの妻であるXの法定相続分は4分の3となる。

　これに対して、他の相続人の法定相続分は、その人数にかかわらず、全員合わせて残りの4分の1となり、これを他の相続人の人数や両親がYと同じかどうか、代襲相続人（甥・姪）の人数、二次相続の相続人（相続人の相続人）の人数に応じて按分することになる。

②遺産分割の相手方を確定し、他の相続人それぞれの相続分を算出するため、相続人を明らかにする必要があり、相続人の存在と所在の調査が必要である。

③遺産分割の対象となる遺産について、その範囲を確定し、マンショ

ンの評価額や預貯金等の残高を明らかにする必要があり、遺産とその価額の調査が必要である。

④葬儀費用は、法的には遺産総額から当然には控除することはできないが、他の相続人全員が同意すれば、控除したうえで各相続人が取得する遺産額を算定することは可能である。

　他の相続人が同意するかどうかはわからないが、念のため葬儀にかかった費用の金額と明細を整理しておく必要がある。

⑤他の相続人の相続分は、①で述べたとおり、配偶者に比べて少ないので、得られる遺産の額がそれほど高額にはならない相続人が出てくる可能性がある。得られる遺産額が少額な相続人は、遺産に対する関心が高くないのが一般的なので、他の相続人に預貯金等の払戻や換価をしてもらうことは期待できない。そのため、全ての遺産をXが相続して、Xが預貯金等を解約・換価し、払戻等した現金を他の相続人に代償金として分配する「代償分割」という方法をとることになると予想される。

　Xがマンションの共有持分を取得する場合、マンションの評価額によっては、他の相続人に分配する代償金の総額が預貯金等の総額を上回ることもありうる。預貯金等の払戻金で代償金の総額に不足するときは、X自身で現金を用意して支払うことが必要になる。

⑥相続人と遺産について調査を行い、他の相続人が取得する具体的な相続分の額を算出した後に、他の相続人に相続の意思を確認することになる。

　相続意思を有する相続人全員が、算出した相続分額を代償金の支払により取得することに同意すれば、遺産分割が成立する。

　同意しない相続人がいる場合には、家庭裁判所での遺産分割調停等の手続が必要となる。

⑦調停等の手続にまではならず、協議によって遺産分割が成立する場合でも、調査に要する期間を含め、数か月から1年弱はかかる可能性がある。調停等の手続が必要となる場合には、1年を超えることになる。

受任と依頼者への指示

　Ｘは、Ｋ弁護士による見通しの説明を受け、高齢であることもあり、自分では対応できないことから、Ｋ弁護士に対して、相続人と遺産の調査を含めて遺産分割協議を代理してもらうことを依頼し、Ｋ弁護士は、遺産分割協議を受任することになった。ＸとＫ弁護士は弁護士費用について協議し、合意したうえで、委任契約書はＫ弁護士が作成後、追って取り交わすこととして、取り急ぎ、ＸがＫ弁護士に遺産分割協議を委任する旨の委任状を作成し、Ｘが署名・捺印してＫ弁護士に交付した。

　なお、相続人が多数となり、面識のない者もいることから、協議が成立せず、調停等の手続が必要になる可能性があるが、その場合は別途委任契約を締結し、引き続きＫ弁護士が対応することも確認した。

　Ｋ弁護士は、Ｘに対し、早速、相続人と遺産の調査を開始する旨を伝え、次の各事項について、資料の取寄せとＫ弁護士への送付及び報告を依頼した。

（依頼者への指示事項）

　相続人関係

　　①ＸとＹの戸籍謄本と戸籍の附票

　　②Ｘが承知している相続人の連絡先（住所・電話番号）

　遺産関係

　　①マンションの登記事項証明書（手元にあれば）

　　②マンションの固定資産評価証明書

　　③被相続人の預貯金通帳（新通帳に更新済みの古いものを含む）

　　④株式・投資信託に関する証券会社発行の取引残高報告書

　　⑤Ｙ所有の動産で有価値のものの有無とその明細

　　⑥葬儀費用の明細と領収証

1 聴取すべき事項

① 聴取のポイント

　初回法律相談においては、事実関係の概要と相談者の疑問点・希望等を聴いたうえで、遺産分割の進め方と相談者の希望が実現可能か否か等について助言することになる。事実関係の聴取にあたっては、「**親族関係**」「**遺産関係**」「**遺産分割に関する相談者の希望**」「**相談にいたる経過**」を意識して、聴き取りを行わなければならない。相談者において準備できるようであれば、これらの各点について、大雑把にでも事実関係を整理しておいてもらえると、初回から充実した相談が可能となる。

② 親族関係

　相続人を確定する前提として、相談者が承知している範囲の親族と被相続人の関係を確認する。簡単な**家系図**を作成しながら、法定相続人を意識しつつ、**より広く聴いておく**とよい。相続人になると思われていた者が死亡しており、代襲相続人がいたり、二次相続が開始されていたりすることがあるからである。また、他に相続人になるかもしれない者の存在をうかがわせる事実は聴取しておきたい。例えば、被相続人の死亡した兄に子があるかもしれないとか、被相続人の父に死別した先妻がいたとかといったことである。これらをもとに、戸籍謄本等を取り付けることで相続人を確定していくことになる。

③ 遺産関係

　相談者が承知している遺産を確認する。不動産については**登記の名義**がどうなっているか、自宅等以外に所有している可能性がある不動産がないかを確認する。預貯金については被相続人が使用していたもののほか、使用されていなかったものや**残高が少額ないしはゼロのものについても確認する**。通帳は見当たらないが、口座が存在するかもしれない金融機関がないかも確認しておく。その他、存在が予想される主な遺産としては、株式その他の有価証券、被相続人が契約者や受取人となっている保険、自動車、自宅内の動産等がある。最低限、これらの財産が存在

する可能性がないかを確認する。

なお、遺産分割の対象となるかどうかはともかくとして、被相続人の**死亡前後の預貯金からの払戻とその使途、家賃収入**、被相続人の**金銭債務、葬儀費用**等も存否と金額を確認しておく。また、生前に被相続人から贈与を受けていた者がいる場合には、贈与を受けていた者と贈与を受けた時期、贈与財産を聴取し、反対に被相続人に贈与をした者や介護・家業等のために特別の負担を負った者がいないかも聴いておく。

④　遺産分割に関する相談者の希望

取得を希望する遺産その他、遺産の分け方に関する相談者の希望を確認する。配偶者と被相続人の兄弟姉妹の間の遺産分割で、兄弟姉妹が複数おり、兄弟姉妹それぞれの相続分が小さく、遺産分割に対する関心が低いような場合には、相続分の多い配偶者が預貯金等の払戻・換価を行い、他の相続人にその相続分に相当する金銭を分配する手間を負うことが多い。また、遺産全体の価額に対して不動産の価額が大きく、不動産の取得を希望する者の相続分の額を上回る場合には、他の相続人に対し、預貯金の払戻金等に加え、不動産の価額と相続分額の差額についても**代償金**として支払わなければならなくなる可能性がある。分配の手間や代償金支払といった負担を負う意思があるか、可能かについても確認しておく。

⑤　相談にいたる経過

他の相続人の遺産分割に対する希望・姿勢、遺産分割が円滑に進みそうかなどについて大まかな見通しを立てるため、他の相続人と被相続人、他の相続人と相談者及び他の相続人相互の関係性と相談者を含む相続人と遺産との関わりの程度等を確認する。他の相続人と遺産に関し何らかの連絡・協議がされていた場合には、その時期と内容についても確認しておく。これらの連絡・協議がされていない場合には、その理由、今回、相談しようと思うにいたったきっかけについても聴取しておく。

遺産分割に関して相談している以上は、遺産分割が未成立で、遺言も存在しないことが通常であるが、全部ないし一部の分割を既に行いつつ、

成立した分割を了解していない場合や、遺言と評価される可能性のある書面が存在しているにもかかわらず、遺言が存在しないことを前提に遺産分割を検討していたり、遺言の存在を認識しながら、それを無視して遺産分割を進めようとしていたりする場合もないとはいえない。念のため、**遺産分割と評価されるような合意**が成立していないか、**遺言と評価される可能性のある書面**が存在しないかを確認しておく。

　なお、相談にいたるまでの経過については、被相続人死亡以前から**時系列**にしたがって整理し、事実の先後を明確にしておくことが、現状の把握や予想される争点の明確化のために有用である。

2　確認すべき資料

①　相談段階で確認しておくことが望ましい資料

　以下にあげる資料を確認しつつ、相談者の説明が正確かを確認していく。事前に準備してもらえるようであれば、手元にあるものや簡単に取り寄せられるものは持参してもらうことが望ましい。相談時に全ての資料がそろっていなくてもしかたがないが、各資料の存否については最低限確認しておきたい。

②　相続人関係

ア　**被相続人の除籍謄本**（戸籍に記載されている全ての者が除かれ、または、本籍を変更した場合の戸籍の謄本）・その**附票**（または**被相続人が除かれている住民票**）

イ　**相談者の戸籍謄本**（戸籍事項証明書を含む。以下、同様）・その**附票**（または**住民票**、以下、附票と住民票を合わせて附票等という）

ウ　相談者が有している**他の相続人の戸籍謄本・除籍謄本・改製原戸籍**（コンピューター化等により戸籍の改製が行われた場合の改製前の戸籍）（以下、これらを一括して戸籍謄本等という）

エ　判明している**相続人の連絡先**

　受任した場合には、相談者が保有していない戸籍謄本等・附票等は、弁護士において取り寄せ、相続人の存在と所在を確定することになる。

③　遺産関係

　一般的な遺産に関する主な資料として、次のようなものがあげられる。

ア　不動産の**登記事項証明書**

イ　**固定資産税の納税通知書**または**固定資産評価証明書**

ウ　**預貯金通帳**（新通帳に更新される前の古いものも）

エ　証券会社発行の**取引残高報告書**

オ　生命保険・医療保険その他**保険の証券**

カ　**車検証**または**自動車登録事項証明書**

　取り急ぎ相談者の手元にあるものを持参してもらい、聴取しつつ必要書類の準備を指示し、受任した場合には弁護士にて取り付ける。

④　その他の資料

　聴取結果に応じて、次の各資料の存否を確認し、準備を指示する。

ア　不動産の**賃貸借契約書**（被相続人が賃貸人・賃借人いずれの場合も）

イ　被相続人宛の**各種請求書**（公租公課・公共料金・借入金等）

ウ　**葬儀費用**の明細書・領収書

エ　被相続人の生前に**相続人が受けた贈与**に関する資料（登記簿謄本・預貯金通帳等）

オ　被相続人の生前に**相続人が被相続人**のために支出した費用の明細書・領収書

3　相談にあたり注意すべき事項

　相談者が述べるところにしたがって聴いていくことになるが、初回相談において正確に事実関係の概要を把握し、暫定的であっても**見通し**を立てるため、前記のとおり初回相談時点で確認しておくべき事項・資料がある。ポイントを押さえつつ、弁護士が主導して聴取していくことが適切な場合も少なくない。親族間の問題全般に見られることであるが、相談者が感情的になっている場合がある。それを受け止めることは大切なことではあるが、事実関係については客観的に把握することが、誤った事実認識や見通しを避けるために不可欠である。

他方で、あまりにもポイントを絞りすぎ、弁護士が想定したストーリーに無理にあてはめるような聴取を行ってしまうと、聴いておかなければならない事実関係や情報を聴き漏らすことが起こりうる。相談者自身が意識していない重要な事実もあり得ることから、ある程度は自由に話してもらうことで、相談者の話の中から、相談者が意識していない事実や弁護士において想定していなかった情報の端緒が得られることがある。

　確認すべき資料についても同様で、先にあげた各資料は基本的なものの例示と理解し、相談時に依頼者が持参した資料や聴取の中で出てきた資料等については、一通り目を通しておくべきである。

　なお、初回相談時点で明らかになったことと不明なことはきちんと整理し、相談後に調査すべき事項を明確にしておくことが不可欠である。

4　見通しの立て方・伝え方

　相談者からの聴取と相談者が持参した資料の確認により、確定できた事実を前提に、可能な範囲で見通しを立てることになる。

　この時点では相続人及び遺産の一部しか明らかではなく、不動産等の評価額も不明であることが通常であるため、正確な見通しを立てることは困難である。他方で、相談者は遺産分割の進め方等に関して疑問と不安を抱えて相談に来ているのであるから、事実関係が不確定なこと、故に正確な見通しは立てられないことをきちんと前置きしたうえで、できるだけ相談者の疑問に答えるように努めるべきである。

　例えば、配偶者と被相続人の兄弟姉妹が相続人の場合、兄弟姉妹の人数等にかかわらず配偶者の法定相続分と兄弟姉妹合計の法定相続分は、それぞれ4分の3と4分の1であることから、それを前提に配偶者が取得しうる遺産の大まかな額は説明できる。相談者が被相続人の兄弟姉妹の場合でも、各自の相続分が明らかでなく、各自が相続できる額は不明であっても、配偶者の相続分が大きいことから、判明している兄弟姉妹の人数からして、相談者が取得できる遺産の額が相対的に少額に留まるといったことは説明することができる。また、いずれが相談者であっても、**代償分割**となる可能性を伝え、対応の可否を検討することも可能で

ある。

　加えて、今後、どのような調査が必要か、また、相続人と遺産が確定した後、どのように遺産分割を進め、どのような手続が必要となるか、解決までにどの程度の時間がかかるのかといったことについて、一般的な説明をすることは可能である。これらの説明を通して、弁護士に依頼する必要があるか否かを判断できる程度の見通しは伝えるべきである。

　解決までに要する時間については、相談者と弁護士の感覚に大きなずれが生じがちである。協議のみで解決できたとしても、調査に要する時間及びその後の交渉の経過次第で、解決までに数か月から１年近くかかることがあること、家庭裁判所での調停等の手続が必要になった場合には、１年以上となりうることを説明しておくべきである。

　なお、あまりにも細部にわたることで、相談者が「消化不良」になることは避けるべきではあるが、上記各点を丁寧に説明したうえで、時間が許せば、被相続人の**金銭債務**や**葬儀費用**は遺産分割の対象とはならないこと、**特別受益**や**寄与分**の基本的な考え方といった事項についても、簡単に説明しておけるとよい。

　事実関係が未確定で正確な判断ができないことはくれぐれも説明し、手間や時間がかかること、必ずしも希望したとおりの解決とはならないことも伝える。法的知識・理解と実務における経験を活用し、相談者の権利を実現する方策を検討し、相談者において相談したことに意味を見出せるような対応を心掛けたい。

2 受任にあたっての注意

1 依頼に対して

　以上の聴取と見通しの説明を経て、相談者から依頼があった場合には、利益相反といった支障がない限りは、積極的に受任するべきである。相続人が多く、相続人間の関係が希薄で、相続人の範囲すら定かでないといった状況から、手間がかかることは間違いない。しかし、手間のかからない業務は元よりないのであり、適切に調査と準備を進め、他の相続人に対して丁寧に対応し、合理的な遺産分割案を提示することができれば、むしろ**解決しやすい面を有する案件**でもある。手間を理由に受任を躊躇することは残念である。

　ただし、相続人や遺産の範囲が不明確で、調査と交渉、手続に時間がかかるため、十分な説明を心掛け、依頼者との間に認識のずれが生じないよう、依頼者の理解を得ておくことが受任の前提となる。

2 進め方に関する説明と確認

　相談者が見通しを十分に理解したうえで依頼していることを確認し、今後の進め方について了解を得ておく必要がある。例えば、次のような点を明確にしておく必要がある。

　①まずは、**相続人と遺産の調査**と、**遺産の評価**を行う必要があること
　②**特別受益・寄与分**に関する調査を行う必要があること
　③①②を踏まえて、相談者が求める分割内容・方法を確定させること
　④他の相続人の**相続の意思を確認**したうえで、**分割案を提案**し、協議を行っていくこと
　⑤協議が不成立となった場合、家庭裁判所に**調停等の手続**を申し立てる必要があること

⑥解決までには相当程度の**期間を要する**こと

⑦必ずしも希望したとおりの結果になるとは限らないこと

3　受任

　受任にあたっては、弁護士報酬その他の**費用の説明**は必須で、報酬額ないしはその算定方法を明記した**委任契約書**を取り交わすことになる。弁護士報酬の金額は各弁護士が定める報酬基準に基づき算定されることになるが、相続人が多数の場合には、手間がかかることから、合理的な基準に基づいて算定されることを前提として、それでもなお相当程度の金額になる場合がある。また、解決時の報酬金額については、将来の不確定な金額であることが通常であるため、**算定方法**を十分に理解しておいてもらうようにする。

　加えて、調査にあたり、戸籍謄本等や登記簿謄本その他の書類を多数取り付ける必要があり、相続人が多いことから、相続人への通知に要する郵便代も相当程度の金額になる。**実費の負担**をどうするのかを明確にしておき、依頼者負担とする場合には、相当程度の金額の実費がかかることを説明し、弁護士において立て替えるのか、費用をあらかじめ預かっておくのかも決めておくべきである。

　これらをきちんと決めたうえで、委任契約書を取り交わし、**委任状**を受領することになる。

4　依頼者への指示

　本章**１**2（17頁）であげた各資料について、依頼者が持参している場合には、原本を預かるか、コピーをとらせてもらう。また、聴取を通じて事実関係の確定に必要な資料が出てきた場合には、依頼者が有しているものや依頼者ではないと取り付けられないもの、弁護士が取り付けるよりも依頼者が取り付けたほうが容易なものは、依頼者に取り付けをお願いする。

　依頼者としては、事務負担を軽減することも目的として弁護士に依頼

しているので、上記以外の書類は弁護士のほうで取り付けるようにすべきである。また、依頼者からの補充聴取についても、聴取事項をできるだけ整理し、事前に確認しておいてもらうなど、**依頼者の負担**をできる限り軽減するようにしたい。

5　密な連絡・報告・説明

　遺産分割は一般的に時間がかかり、必ずしも依頼者の希望が全て実現できるわけではない。相続人が多い場合には、相続人の調査に時間がかかり、その後の各相続人との協議にも時間がかかるため、解決まで長期間を要することになりやすい。

　時間がかかっていることや、思うような進み方をしていないことなどから、弁護士がきちんと仕事をしていないのではないかと誤解し、**信頼関係**を維持できなくなるおそれがある。弁護士においては、誠実かつ迅速に処理を進めることは当然として、依頼者に密に連絡をとり、進捗を報告することが、信頼関係の維持にとって重要である。依頼者に誤解があると思われた際には、誤解を解くため、速やかに面談するなどして、丁寧な説明をする必要がある。そもそも誤解を生じさせないよう、些細なことであっても、不明な点や心配な点があれば連絡をもらうようにしておくことが望ましい。

　遺産分割に限ったことではないが、他の相続人との交渉を円滑に進めるためには、まずは提案内容や交渉の進め方について、**依頼者の了解と納得**を得ておく必要があり、信頼関係の構築・維持が不可欠である。

協議に先立つ準備

本章では、遺産分割協議に先立ち不可欠となる相続人と遺産の調査方法、遺産の評価の方法及び各相続人が実際に取得できる遺産額算定の前提となる特別受益・寄与分について解説したうえで、遺産分割に臨むにあたっての方針の策定方法を取り上げる。

1 協議のための調査

　本章では、遺産分割協議に先立つ調査について取り上げる。本書では、紙幅の都合上、相続人が10名程度の事例を設定しているが、それ以上に相続人がいる場合でも、また、相続人が少数の場合でも、調査すべき事項及び調査の方法、調査結果に基づく方針の策定方法は基本的に変わらない。遺産分割全般に共通する調査と方針策定の方法について、理解・確認してもらいたい。

ステップ**2**⋯⋯ **調査**

　K弁護士は、遺産分割協議を受任した後、初回法律相談においてXに依頼した書類（【ステップ1】初回法律相談（14頁）参照）の送付を受けるのと並行して、以下の調査を行った。

相続人に関する調査（51頁の「相続人関係図」参照）

①Yの出生から死亡までの戸籍謄本等の取付
　→　Yには子がなく、妻であるXのほかには、Yの兄弟姉妹が法定相続人になることが確定した。

②Yの両親の出生から死亡までの戸籍謄本等の取付
　→　Yの父は、Yの母との婚姻前に前妻と死別していること、前妻との間に子（Yと母を異にする姉2名）が存在することが判明した。
　　　また、Xが承知していたほかに、Yには両親を同じくする姉が存在したが、生後2か月で死亡していた。

③Yの兄弟姉妹の現在までの戸籍謄本等の取付
　→　Yと母を異にする姉1名と両親を同じくする兄1名がYの死亡前に死亡しており、それぞれに子（代襲相続人）が存

在すること、両親を同じくする姉１名がＹの死亡後に死亡
しており、その子らが同姉を相続していること（二次相続）
が判明した。

④死亡した姉と兄の子の現在までの戸籍謄本等の取付
→ 代襲相続人・二次相続の相続人が明らかとなり、Ｙの法定
相続人全員が確定した。

⑤確定した法定相続人の戸籍の附票の取付
→ 相続人全員の住所が判明した。

遺産等に関する調査（52頁の「遺産目録」参照）

①不動産
→ Ｘから提供を受けたマンションの登記事項証明書のほか、
同マンション所在地周辺の公図、Ｙの最後及びそれ以前の
住所地における固定資産課税台帳の名寄帳を取り付けた
が、同マンション以外にＹ名義の不動産は発見できなかっ
た。
→ 同マンションについて、不動産業者２社に価格の査定を依
頼したところ、２社の査定額の平均は2000万円であった。
→ 同マンションの持分２分の１のＹからＸへの贈与は、登記
事項証明書によれば、令和元年８月１日であった。

②預貯金
→ 初回法律相談後に、ＸにおいてＹ名義の××信用金庫××
支店の古い通帳を発見し、Ｋ弁護士は、同通帳を含め、発
見できたＹ名義の通帳全ての提供を受けた。
→ 提供を受けた通帳全ての金融機関に対し、預貯金の存否を
確認したが、提供を受けた通帳以外に預貯金口座は存在し
なかった。存在している預貯金口座については、Ｙの死亡
日時点と現時点の２時点の預貯金残高の証明書を取り付
け、通帳の最終記帳日と現在の残高に相違があるものにつ
いては、その間の入出金の明細書を取り付けた。
→ なお、Ｙ死亡前・死亡後に不自然な入出金はなく、通帳及

び入出金の明細書上、判明している以外に遺産の存在をうかがわせる入出金はなかった。

③有価証券

→ 初回法律相談後に送付されてきた証券会社作成の取引残高報告書（令和5年2月28日時点）の提供を受けたところ、株式及び投資信託の直近の評価額は、初回法律相談時にXが保有していた取引残高報告書（令和4年11月30日時点）とほぼ同額であった（以下では、便宜上、両時点の評価額は同額として解説を進めることとする）。

④動産・その他

→ Xに自宅内の写真を撮影してもらって確認したが、Yが所有していたと思われる家財で価値があると思われるものは存在しなかった。その他、Xにおいて発見できたYの遺産は存在しないとのことであり、負債も思い当たらないとのことであった。

⑤葬儀費用等

→ Xが支出したYの葬儀に関する費用は、Xから提供を受けた明細及び領収証によれば100万円であった。Yの死亡後、マンションの固定資産税・都市計画税は全額Xが支払ってきているが、Xが2分の1の持分を有していることに加え、Yの死亡後はXが単身にて居住していること、XにおいてYの持分2分の1の取得を希望していることから、他の相続人に固定資産税等の精算は求めないことにした。

1　調査すべき事項

遺産分割を成立させるためには、**相続分を有する相続人**（代襲相続人・二次相続の相続人を含む）全員による合意が必要である。また、後日、再度の協議を要することにならないよう、**分割の対象となる遺産**を漏れなく対象としなければならない。また、各相続人が取得する遺産額を算定する前提として、個々の**遺産の価額を評価**することも必要となる。さ

らに、被相続人の生前に被相続人から贈与を受けたり（**特別受益**）、被相続人の事業や介護等に従事して遺産の維持・増加に特別の寄与（**寄与分**）があったりした相続人がいる場合、これらの事実により相続分を修正し、各相続人が**現実に取得できる遺産の額**を算定することも必要となる。

　そこで、①遺産分割に参加することになる相続人に関する調査、②遺産分割の対象となる遺産に関する調査、③特別受益・寄与分に関する調査が必要となる。

2　相続人に関する調査

①　相続人の範囲

ア　配偶者

　被相続人の配偶者は、常に相続人となる（民法890条）。

イ　配偶者以外の相続人

（ア）第1順位

　子（民法887条1項）

　実子であるか養子であるかを問わない。

（イ）第2順位

　直系尊属（民法889条1項1号）

　第1順位の相続人がいない場合に、被相続人と**親等**（親族関係の遠近の順番）が近い者が相続人となる。

（ウ）第3順位

　兄弟姉妹（民法889条1項2号）

　被相続人と父母の両方を同じくする（**全血兄弟姉妹**）か、一方のみを同じくする（**半血兄弟姉妹**）かを問わない。

ウ　代襲相続人

（ア）代襲相続

　第1順位（子）または第3順位（兄弟姉妹）の相続人が相続開始以前に死亡したとき、または、相続人の欠格事由（民法891条）に該当し、若しくは廃除によって相続権を失ったときは、その相続人の直系卑属で

ある子が代襲して相続人となる（同法887条2項・889条2項）。

相続放棄（民法939条）は代襲の原因とはならない。

（イ）再代襲

代襲相続人である子が相続開始以前に死亡し、または相続権を失った場合は代襲相続人の子（被相続人の孫）が、同人が同様に死亡し、または相続権を失った場合はその子（被相続人のひ孫）が代襲し、被相続人の**直系卑属**が順次代襲相続人となる（民法887条3項）。

第3順位の相続人（兄弟姉妹）については、**再代襲はされず**、兄弟姉妹の子（被相続人の**甥・姪**）までが代襲相続人となる。

② 相続人の確定

ア 確定方法

戸籍謄本等を取り付け、その記載により親族関係を調査し、相続人を確定する。

イ 配偶者と子の存在の確認

被相続人の出生から死亡までの戸籍謄本等から、配偶者と子の有無を確認する。被相続人に婚姻歴がある場合は、配偶者の現在までの戸籍謄本等を取り付け、相続開始時点での生存の有無を確認し、相続開始時点における配偶者の存在の有無を確定する。

ウ 子の存在が確認できた場合

子の現在までの戸籍謄本等を取り付け、生存の有無を確認し、相続開始時点における子の存在の有無を確定する。子が存在したが、被相続人よりも先に死亡している場合には、戸籍謄本等により相続開始時点における孫ないしひ孫等の直系卑属（**代襲相続人**）の存在の有無を確定する。

エ 子の存在が確認できなかった場合

（ア）父母等の直系尊属が生存している場合

生存している直系尊属（父母等）の現在までの戸籍謄本等を取り付け、父母等の存在を確定する。

（イ）直系尊属が全て死亡している場合

被相続人の両親の出生から死亡までの戸籍謄本等を取り付け、被相続人の**兄弟姉妹**の有無を確認する。兄弟姉妹の存在が確認できた場合、兄

弟姉妹の現在までの戸籍謄本等を取り付け、生存の有無を確認し、相続開始時点における兄弟姉妹の存在の有無を確定する。兄弟姉妹が存在したが、被相続人よりも先に死亡している場合には、戸籍謄本等により、相続開始時点における甥・姪（**代襲相続人**）の存在の有無を確定する。

オ　相続人が被相続人の死亡後に死亡している場合

（ア）二次相続の相続人の調査

　戸籍謄本等により、被相続人の相続人の相続人（**二次相続の相続人**）の存在の有無を確定する。

（イ）二次相続の相続人が存在する場合

　二次相続の相続人が相続人の相続分を相続し、二次相続の相続人が遺産分割に参加することになる。

（ウ）二次相続の相続人が存在しない場合

　相続人不存在により、被相続人の相続における相続分は、相続開始後に死亡した相続人の他の財産とともに法人（**相続財産法人**）となり（民法 951 条）、利害関係人による申立に基づき家庭裁判所が**相続財産清算人**を選任し（同法 952 条 1 項）、相続財産清算人が相続財産法人を代理して遺産分割に参加する（【補足解説②】（46 頁）参照）。

カ　戸籍謄本等の取得に要する負担

　以上のように、相続人の調査には多数の戸籍謄本等を取り付ける必要があり、時間と手間がかかる。遠方かつ複数の役所から戸籍謄本等を取り付ける必要がある場合には、同時並行で進め、できるだけ迅速に必要な戸籍謄本等を取り付ける必要がある。

　なお、相続人調査のために取り付けた戸籍謄本等は、家庭裁判所に対する遺産分割調停等の申立時や遺産分割成立後の不動産登記・預貯金等の払戻の各手続時に、裁判所・法務局・金融機関等に提出する必要がある。取付に要する時間に加え、取付に要する費用もかかることから、提出にあたっては、原本とともに写しを提出し、**原本の還付**を受けるようにする。また、**法定相続情報証明制度**に基づく**法定相続情報一覧図**を利用することで、戸籍謄本等の提出を省略することができる場合があるので、利用を検討する（【補足解説③】（48 頁）参照）。

③ 相続人の所在の確認

確定した相続人に遺産分割に関する連絡をとるためには、相続人の所在を明らかにしておく必要がある。相続人の現在の戸籍謄本を取り寄せ、それに基づき**戸籍の附票**を取り寄せることで、現在の**住民票上の住所**を確認することができる。

④ 相続分

ア 法定相続分と指定相続分

被相続人は、遺言により、相続人の相続分を定め、または定めることを第三者に委託することができる（民法902条1項）。相続分が指定された場合には、指定された相続分（**指定相続分**）によることになる。

これに対し、相続分の指定がない場合には、民法が定める相続分（**法定相続分**）によることになる。

イ 各相続人の法定相続分

（ア）配偶者

配偶者と子が相続人である場合（民法900条1号）

配偶者2分の1　　子2分の1

配偶者と直系尊属が相続人である場合（同条2号）

配偶者3分の2　　直系尊属3分の1

配偶者と兄弟姉妹が相続人である場合（同条3号）

配偶者4分の3　　兄弟姉妹4分の1

（イ）配偶者以外の相続人

子、直系尊属または兄弟姉妹が数人いるときは、各自の相続分は**均等**となり、全体での相続分を人数で除した割合となる（民法900条4号本文）。

ただし、父母の一方のみを同じくする兄弟姉妹（**半血兄弟姉妹**）の相続分は、父母の両方を同じくする兄弟姉妹（**全血兄弟姉妹**）の相続分の**2分の1**となる（同号ただし書）。

（ウ）代襲相続人

代襲される者（被代襲者）が有するはずであった相続分と同じで、被代襲者に複数の代襲相続人があるときは代襲相続人各自の相続分は**均等**

となる（同法 901 条 1 項ただし書・同条 2 項）。なお、再代襲相続人がある場合の再代襲相続人の相続分は、**再代襲相続人**の親が生存していれば同人が代襲したはずの相続分と同じとなり、再代襲相続人が複数あるときは、同相続分を再代襲相続人の人数で除した割合が各再代襲相続人の相続分となる。

（エ）二次相続の相続人

　二次相続の相続人は、一次相続における相続人の相続分を相続する。二次相続の相続人が複数いる場合、二次相続の各相続人は、二次相続におけるその相続分の割合により一次相続における相続人の相続分を有することになる。

3　遺産に関する調査

①　遺産分割の対象となる遺産

ア　遺産分割の対象

　相続人は相続開始時に被相続人の財産に属した一切の権利義務を承継する（民法 896 条本文）。ただし、扶養請求権・財産分与請求権（内容が具体的に確定しているものを除く）といった被相続人の**一身に専属したものは相続の対象とはならない**（同条ただし書）。また、系譜・祭具・墳墓といった**祭祀財産は祖先の祭祀を主催すべき者が承継する**（同法 897 条 1 項）ので、同じく相続の対象とはならない。

　さらに、相続の対象となる遺産であっても、その全てが遺産分割の対象となるとは限らない。**遺産分割の対象となる遺産は、原則として、「相続開始時に存在」し、かつ「分割時にも存在」する「未分割」の遺産である**（片岡・遺産分割 3 頁）。

イ　相続開始前に処分された財産

　相続の対象となるのは「相続開始の時に」被相続人の財産に属した権利義務であるから（民法 896 条本文）、相続開始前に処分され、相続開始時に存在しない財産は相続の対象とはならず、遺産分割の対象ともならない。相続人の一部が被相続人の生前にその預貯金を払い戻しているような場合、相続人全員が、払い戻した金額を預り金として遺産に含める

ことに同意しない限り、払戻が被相続人の意思に基づくときは、**特別受益**として処理し、被相続人の意思に基づかないときは、他の相続人から払い戻した相続人に対し、不当利得として返還請求をするといった方法をとるほかはない。

ウ　相続開始後遺産分割前に処分された財産

「分割時にも存在する」遺産が遺産分割の対象となることから、相続開始時に存在していても、遺産分割までの間に財産が処分されたり、滅失したりした場合、同財産は遺産分割の対象とはならない。また、処分・滅失により発生した売買代金請求権や保険金請求権といった**代償財産**も、原則として遺産分割の対象とはならない。

相続人全員の同意があれば、処分された遺産が分割時に存在するものとみなして遺産分割の対象とできる（民法906条の2第1項）。その際、当該遺産を**処分した相続人の同意は要しない**（同条2項）。ただし、当該相続人により処分されたことが前提となるので、当該相続人が処分したことを認めていない場合には、当然には当該相続人の同意が不要とはならない。処分されたことの立証が必要となる。

エ　分割済みの財産

遺産の帰属が確定している以上、遺産分割の対象とはならない。遺産分割方法の指定とされる特定の相続人に特定の遺産を**相続させる旨の遺言**がある場合の当該遺産も遺産分割の対象とはならない。また、損害賠償請求権といった相続分にしたがって各相続人に**当然に分割帰属**する権利についても同様である。

オ　遺産の範囲の確定と評価の基準時

遺産分割時に存在する未分割の遺産が分割対象となることから、**遺産分割時**が基準となる。

②　不動産

ア　調査方法

存在が判明している不動産については、**不動産登記事項証明書**を取り付け、特定する。後日になって判明していなかった不動産が明らかとなることがあるが、各相続人の取得額の再計算や追加の遺産分割が必要と

なるので、そのような事態をできる限り避けるため、分割対象に漏れがないよう十分に調査しておく必要がある。通路部分の土地やマンションに付属する建物等が漏れているケースが散見される。

　調査の方法としては、**固定資産税の納税通知書**の課税対象となる物件を確認するほか、被相続人の現住所及び過去の住所、その他被相続人に関係する市区町村から**名寄帳**（市区町村が作成している固定資産課税台帳を所有者別に一覧表にまとめたもの）を取り付けることで、同市区町村内の被相続人名義の不動産の有無及び一覧を確認することができる。また、法務局から、判明している不動産の周辺の公図を取り付け、**公図**により、自宅敷地が数筆に分かれていないか、通路が敷地とは別筆の土地になっていないかなどを確認し、所有している可能性がある土地については、不動産登記事項証明書を確認しておくべきである。

イ　借地権・土地の使用貸借

　建物所有を目的とする土地の賃借権（借地権）は遺産分割の対象となる。これに対し、使用貸借は借主の死亡によって終了する（民法597条3項）とされているが、建物所有を目的とする土地の使用貸借は借主の死亡により当然に終了するということにはならないとする裁判例（東京地判平成5年9月14日判タ870号208頁）があり、遺産分割により建物の所有権を取得したものに承継される余地がある。

　借地権の存否・内容は土地賃貸借契約書により明らかになるが、契約書が存在しない場合、土地上の建物の登記事項証明書における**新築日**ないしは**保存登記**の日付から土地使用が開始された時期を、**地代の領収証・振込依頼書の控え**といった地代支払を示す資料から地代の額を知ることができる。

ウ　遺産中の不動産の賃料

　被相続人の死亡後に生じた遺産中の不動産の賃料は、「相続開始時に存在」した財産ではないので遺産とはならず、遺産分割の対象ともならない。ただし、相続人全員が遺産分割の対象とすることに同意した場合には、遺産分割の対象とすることができる。

エ　不動産の公的評価額

（ア）遺産分割における不動産の価額

　遺産分割の基礎となる不動産の価額は、**遺産分割時点**での不動産の**時価**であるが、個々の不動産の確定的な時価額は一般的に明らかになっていないため、その価額について相続人間で合意が成立しない場合には、家庭裁判所における調停等の手続において、**不動産鑑定士の鑑定**を行うことが必要になってくる。遺産分割協議にあたっては、以下で述べる公的評価額をもとに時価額を提案し、相続人間で合意が成立すれば、同金額を不動産の評価額として遺産分割を進めることができる。

（イ）公示価格・地価調査標準価格

　国土交通省の土地鑑定委員会（公示価格）ないしは都道府県知事（地価調査標準価格）が、特定の**標準地**（地価調査標準価格については**基準地**）について公示（公表）するもので、標準地（基準地）については土地の実勢価格に近い価格を示しているといわれる。

（ウ）路線価

　国税庁が、相続税・贈与税の算出の基準として、市街地的地域について、土地が面する道路につけた１㎡あたりの評価額（単位千円）で、**公示価格の80%**を目途に設定されている。

（エ）固定資産税評価額

　固定資産税、都市計画税、不動産取得税の基準とするため、土地家屋課税台帳に登録された価格であり、**公示価格の70%**を目途に設定されている。

オ　評価の実際

（ア）土地の評価

　対象となる土地が公示価格・地価調査標準額の標準地（基準地）ないしはその近隣に存在する場合は、これらの価格を土地価額とすることができるが、近隣であっても土地の形状その他の状況等によってはこれらの価格が適正な価額とはならないことがある。また、路線価をもとに相続税評価額を算出し、同金額ないしは同金額を80%で**割り戻し**（80分の100を乗じ）て土地の価額とすることが行われている。さらに、不動産の時価が実際の売買価額を基礎とするため、不動産業者から**査定書**を

取り付け、査定書の価額を土地の評価額とすることも広く行われている。ただし、不動産業者の査定額は、土地の状況等の**前提事実**に誤りがある場合があるので、査定の前提とされている事実の検証が必要である。

　なお、遺産分割協議の段階で不動産鑑定士に**私的な鑑定**を依頼することがあり、不動産の価額を評価する有効な方法となる。ただし、他の相続人の合意が得られず、調停等の手続になった場合には、調停等の手続の中で改めて鑑定を行うことになるので、費用及び時間の点で二重の負担となる可能性があることは念頭に置く必要がある。

（イ）建物の評価

　固定資産税評価額を評価額とすることが行われているが、建物が老朽化し、土地の売却にあたっては取壊しの必要があるといった場合には、建物は無価値と評価することもある。不動産業者の査定書が利用されているのは土地の場合と同様である。

（ウ）共有持分の評価

　遺産が不動産の共有持分である場合、共有持分のみでの売却は困難ないしは事実上不可能であり、処分の困難性を理由に評価額を減額することが適当と思われることが少なくない。しかし、遺産とはならない共有持分を相続人の一部が有しており、遺産である共有持分を同相続人が取得する場合や相続人が有する共有持分とともに売却して売却代金を分配する場合は、共有持分は不動産全体の価額に持分割合を乗じた価値を有することになるので、減額することは適当ではない。遺産分割においては、上記いずれかの方法により処理されることが多いことから、**当然に減額されるわけではない**。

（エ）底地の評価額

　借地権の存在する土地（底地）の価額を正確に評価するためには、鑑定が必要となるが、実務においては、土地の評価額に**路線価図記載の借地権割合**（30％〜90％、通常の宅地では**60％〜70％**程度）を乗じた価額を借地権の価額とし、土地の価額から借地権の価額を控除した価額を底地の価額とすることが行われている。

　建物所有を目的として土地の使用貸借がされていた場合、前記のとおり、借主の死亡等によっても当然には使用貸借は終了しないため、土地

の価額から**10%から20%**を減額する場合がある。

（オ）借地権の価額

（エ）において述べたとおり、実務上、土地の評価額に**借地権割合**を乗じて算出する方法が広くとられている。

③ 預貯金

ア 遺産分割の対象となるか

従来、預貯金は相続開始と同時に当然に相続分に応じて分割されるとして、相続人全員が分割対象とすることに同意しない限りは遺産分割の対象とはならないとされていたが、判例が変更され、現在では、当然には分割されず、**遺産分割の対象となる**とされている（最決平成28年12月19日民集70巻8号2121頁、最判平成29年4月6日集民255号129頁）。

なお、判例により預貯金が遺産分割の対象とされたことから、遺産分割が成立しない限り、相続人は、自己の相続分の範囲内の金額であっても、単独で当然には、預貯金を払い戻すことができないことになる。この結論を前提に、相続人の当面の生活費等の資金需要に対応するため、**手続外での預貯金の払戻**（民法909条の2）及び**保全処分による預貯金の取得**（家事法200条3項）の各制度が設けられた（【補足解説④】（49頁）参照）。

イ 調査方法

（ア）預貯金の調査

被相続人名義の通帳、金融機関からの通知書、口座引き落としされている公共料金、住宅ローンの借入先金融機関及び被相続人の自宅周辺に店舗がある金融機関等から、被相続人の預貯金が存在する可能性のある金融機関・支店にあたりをつけ、**口座の有無を照会**し、存在する場合には**残高証明書**を取り付ける。

なお、同調査により明らかになった預貯金口座は、預金者の死亡により凍結され、払戻ができなくなる。

（イ）取引履歴の確認

残高証明書の取付とともに、被相続人が実際に利用していた預貯金口座については、**入出金の明細書**を取り付け、取引の履歴を確認する。入

出金を確認することで、株式配当金の入金から株式、保険料の支払から保険といったように、遺産の存在が判明することがある。

（ウ）解約手続

調査に際しては、遺産分割成立後の解約・払戻に備えて、被相続人の預貯金が存在する金融機関ごとに、払戻に必要な書類を確認しておく。

（エ）貸金庫の有無と開扉

預貯金の存在する金融機関、特に被相続人が主として利用していた金融機関については、被相続人による貸金庫の利用がなかったかを確認し、利用していた場合には、貸金庫の開扉に必要な手続を確認し、他の相続人の協力が得られれば貸金庫を開扉し、金庫内を確認する。これにより遺産が発見されることがある。

ウ　評価

遺産分割時点、実際には協議等を行う時点での残高が遺産分割の対象となる預貯金の金額となる。それ以前に預貯金から払い戻された金額は、原則として遺産分割の対象とはならないが、他の相続人の同意があれば対象とすることができる（民法906条の2第1項、本章**1**3①ウ（34頁）参照）。

④　現金

遺産分割の対象となる。

遺産分割前に払い戻された預貯金が相続人の同意により遺産分割の対象となる場合（本章**1**3③ウ（34頁）参照）、払い戻した相続人が払戻金を現金として預かっているものとして扱う。

⑤　株式

ア　遺産分割の対象となるか

株式は不可分であり、遺産分割の対象となる（片岡・遺産分割183頁）。

イ　調査の方法

配当金もしくは議決権行使のお知らせまたは取引残高報告書等により、株式の存在と内容・株数等を確認する。預貯金通帳に入金記帳がされた配当金により株式の存在を知ることができる場合がある（前頁参

照）。

ウ　評価

（ア）取引相場のある株式

　上場株式等の取引相場のある株式は、**遺産分割時点での最終価格（終値）**をもとに遺産分割における評価額を算出する。証券会社発行の直近の**残高証明書**を取り付け、同証明書に記載された金額によるか、新聞等に掲載された直近の終値から計算した金額によることになる。

（イ）相場のない株式

　取引相場のない非上場株式の場合、株式買取請求における価格の算定ないしは税務上の評価の基準である**財産評価基本通達**においてとられている方式を参考にして評価額を算出する（片岡・遺産分割 220 頁）。純資産額（総資産価額から負債と法人税を控除した価額）、配当金額、類似業種の株価、将来の収益等をもとに、同族会社か否かと会社の規模に応じて評価される。

　税理士に相続税申告における評価額を算出してもらい、それをもとに他の相続人の同意を取り付けるといった方法がとられるが、同意が得られない場合には、調停等の手続内で**公認会計士等による鑑定**に基づいて評価されることになる。小規模な会社の場合、実際には、相続人の同意を得て、**純資産額**や**資本金額**を株式数で除して得た価額を株式の価額とすることもあり、**債務超過**で配当もないような会社の株式の場合は無価値と評価することも少なくない。

⑥　投資信託

　遺産分割の対象となり、**取引残高報告書**等により存在・内容を確認し、**残高証明書**等を取り付けてその価額を確定する。

⑦　生命保険金

　生命保険金は生命保険契約における**受取人の固有財産**であり、そもそも遺産とはならない。ただし、被相続人の生前に発生していた被相続人を受取人とする未受領の**満期保険金**は遺産となり、遺産分割の対象となる（片岡・遺産分割 191 頁）。

なお、遺産とはならない生命保険金が特別受益に準じて取り扱われる場合があることには注意が必要である（本章**1** 4 ②イ（42頁）参照）。

⑧ 自動車

車検証や**登録事項等証明書**（運輸支局で取り付けることができる）により特定する。**自動車税の納税通知書**から自動車の存在が判明する場合があり、判明した場合には、所在の調査と車両の確保が必要となる。

中古自動車の買取業者から見積りをとるなどして価額を評価するが、新車登録から長期間が経過している場合や車検が切れている場合など、無価値と評価されることも少なくない。

⑨ 動産

自宅内や貸金庫、レンタル倉庫内等を調査し、**有価物**の存在を確認する。自宅内の家財は無価値であることが多く、相続人間でいわゆる形見分けにより処理し、遺産分割の対象とはしないことが少なくない。

絵画・骨董品や貴金属等は専門業者の査定書を取り付け、価値の有無と評価額を確認する。

⑩ 金銭債務・葬儀費用・遺産の管理費用

被相続人の金銭債務は、相続人が相続分に応じて当然に承継することから、遺産分割の対象とはならない。葬儀費用は相続開始後に発生するもので、通常は**祭祀の主催者（喪主）**が負担し、遺産分割の対象とはならない。相続開始後の固定資産税等の遺産の管理費用も相続開始後に発生するものであり、同様に遺産分割の対象とはならない。

これらの債務等について、遺産分割の中で精算することを他の相続人が同意すれば、遺産分割内で精算することは可能である。ただし、**債権者を当然には拘束しない**。

4　実際に取得できる遺産額の調査

①　特別受益と寄与分の考慮

　調査により判明し、評価した遺産の総額に相続分を乗じることで、各相続人が取得する遺産の額を一応は算出できる。しかし、相続人の一部が、被相続人から、生前に贈与を受けていたり（**特別受益**）、被相続人の財産の維持・増加に特別の貢献があったり（**寄与分**）した場合、これらを考慮する必要があり、相続人が実際に取得できる金額を算定するには、特別受益と寄与分の有無・内容を検討しなければならない。

　なお、**令和3年民法改正**により、**相続開始後10年を経過**すると、家庭裁判所における調停等の手続においては、特別受益や寄与分の主張はできないことになった（民法904条の3）。注意が必要である。

②　特別受益

ア　特別受益とは

　相続人の中に被相続人から**遺贈**を受けたり、**生前に贈与**を受けたりした者がいる場合、被相続人が相続開始時に有していた財産の価額に生前贈与の価額を加えたものを相続財産とみなし（**みなし相続財産**）、これに相続分を乗じて**一応の相続分**を算定し、遺贈ないしは生前贈与を受けた者については一応の相続分から遺贈ないしは生前贈与の価額を控除して、その残額を実際に取得できる**具体的な相続分**とする（民法903条1項）。なお、遺贈または生前贈与の価額が一応の相続分の価額に等しいか、これを超えるとき（**超過特別受益**）は、取得できる具体的な相続分はないことになる（同条2項）。

　この場合の遺贈及び生前贈与を特別受益といい、特別受益を具体的な相続分算定の基礎となる相続財産に加算することを「**持戻し**」と呼んでいる。

イ　特別受益の態様

　特別受益とされるのは**遺贈**と**生前贈与**であり、生前贈与については、①婚姻または養子縁組のための贈与と②生計の資本としての贈与が特別受益となる（民法903条1項）。①②に該当するか否かは、生前贈与が

相続財産の前渡しと見られるか否かを基準として判断される（片岡・遺産分割243頁）。扶養義務に基づく贈与は相続財産の前渡しとは見られず、特別受益には該当しない。

　相続人の一部が生命保険金の受取人となっている場合、生命保険金は相続財産とならず（本章■3⑦（40頁））、特別受益にもならないが、「保険金受取人である相続人とその他の共同相続人との間に生ずる不公平が民法903条の趣旨に照らし到底是認することができないほどに著しいものであると評価すべき**特段の事情**が存する場合には、同条の類推適用により」特別受益に準じて持戻しの対象となる（最決平成16年10月29日民集58巻7号1979頁）。特段の事情の有無については、「保険金の額、この額の遺産の総額に対する比率のほか、同居の有無、被相続人の介護等に対する貢献の度合いなどの保険金受取人である相続人及び他の共同相続人と被相続人の関係、各相続人の生活実態等の諸般の事情を総合考慮して」判断される（同最決）。

ウ　受益者とされる者

　遺贈・生前贈与を受けた相続人が受益者になるのは当然として、被代襲者が当別受益にあたる生前贈与を受けていた場合は、**代襲相続人**の特別受益となる（片岡・遺産分割262頁）。

　相続人の配偶者や子に対する贈与は、原則として相続人の特別受益とはならないが、真実は相続人への贈与であるのに、名義のみ配偶者・子への贈与としたというような場合は、相続人に対する特別受益に該当することがある（片岡・遺産分割265頁）。

エ　具体的相続分算定の基準時

　特別受益は相続開始時の財産に加算される（民法904条1項）ことから、特別受益の持戻しにより算定される具体的相続分の価額は、**相続開始時**の評価額に基づいて算定される。特別受益が問題となる場合には、遺産の評価にあたって、遺産分割における評価の基準時である遺産分割時と相続開始時の**2時点の評価**が必要となる。

オ　持戻し免除

　被相続人が民法903条1項と異なる意思表示をしたときは、その意思にしたがうとされており（同条3項）、被相続人の意思表示により特別

受益の持戻し計算を免除することができる（**持戻し免除の意思表示**）。

　持戻し免除の意思表示は特別受益と同時でなくても、相続開始時までにされていればよく、**黙示の意思表示**であってもよいとされている。

　平成 30 年民法改正により、**婚姻期間が 20 年以上の夫婦**の一方から他方に対する**居住の用に供する建物・敷地**の遺贈または生前贈与については、持戻し免除の意思表示があったものと推定される（民法 903 条 4 項）。

カ　特別受益を定める方法

　特別受益の有無や価額に争いがある場合、最終的には家庭裁判所における**審判手続**において判断されることになる。

③　寄与分

ア　寄与分とは

　相続人の中に被相続人の財産の維持または増加について**特別の寄与**をした者があるときは、被相続人が相続開始時に有していた財産の価額からその者の寄与分を控除したものを相続財産とみなし（**みなし相続財産**）、これに相続分を乗じて**一応の相続分**を算定し、特別の寄与をした者については、一応の相続分に寄与分を加えた額をその者が実際に取得できる**具体的な相続分**とする（民法 904 条の 2 第 1 項）。なお、寄与分は、相続開始時の相続財産の価額から遺贈の価額を控除した残額を超えることはできない（同条 3 項）。

「特別の寄与」と認められるには、被相続人と相続人の身分関係に基づき**通常期待される程度を超える貢献**である必要があり（片岡・遺産分割 296 頁）、夫婦間の協力扶助義務（民法 752 条）や親族間の扶養義務（民法 877 条 1 項）に基づく行為は特別の寄与にはあたらない。

　寄与分が認められるのは、特別の寄与により被相続人の財産が**維持または増加した場合**に限られるので、財産の維持・増加に効果がない場合には寄与分は認められない。

イ　寄与行為の態様

　代表的な態様として、①業務従事型、②金銭等出資型、③療養看護型、④扶養型、⑤財産管理型があげられる（片岡・遺産分割 299 頁）。

ウ　寄与分を受ける資格

　相続人に限られる（民法904条の2第1項）。ただし、相続人の配偶者や子による貢献を当該相続人の寄与分として主張できる場合がある（片岡・遺産分割292頁）。なお、**平成30年民法改正**により、相続人ではない被相続人の親族の貢献について、当該親族自身から相続人に対し**特別寄与料**として請求できる場合があることとされた（民法1050条）。

　代襲相続人は、**被代襲者の寄与行為**に基づく寄与分を取得できる（片岡・遺産分割295条）。

エ　具体的相続分算定の基準時

　寄与分は相続開始時の財産から控除される（民法904条の2第1項）ことから、寄与分を考慮することにより算定される具体的相続分の価額は**相続開始時**の評価額に基づいて算定される。寄与分が問題となる場合には、遺産分割における評価の基準時である遺産分割時と相続開始時の**2時点の評価**が必要となる。

オ　寄与分を定める方法

　寄与分は第1次的には**相続人の協議**により定められるが、協議が調わないとき、または協議をすることができないときは、寄与分を主張する者の申立により、家庭裁判所が**審判**により定めることになる（民法904条の2第1項・同条2項）。寄与分を定める審判の申立は、遺産分割の審判の申立があった場合にのみすることができる（同条4項）。

④　実際に取得できる遺産額の算定

ア　具体的相続分

　相続人の一部に特別受益ないしは寄与分が認められる場合に、これらにより修正された実際の相続分（**具体的相続分**）は以下の式により求められる。

$$\boxed{みなし相続財産} = \boxed{相続開始時の相続財産の価額}$$
$$+ \boxed{特別受益にあたる贈与の価額}$$
$$- \boxed{寄与分の価額}$$

　※遺贈は相続開始時の財産に含まれているので加算しない。

$$\boxed{一応の相続分} = \boxed{みなし相続財産} \times \boxed{相続分}$$

　　※相続分は法定または指定相続分による

$$\boxed{具体的相続分} = \boxed{一応の相続分}$$
$$- \boxed{遺贈及び特別受益にあたる贈与の価額}$$
$$+ \boxed{寄与分の価額}$$

イ　遺産分割時点の価額への換算

　特別受益及び寄与分の算定基準時は**相続開始時**であり、具体的相続分は相続開始時の相続財産の価額をもとに算定される。これに対し、遺産分割の対象となる遺産の価額は**遺産分割時**を基準に評価されるため、具体的相続分の価額を遺産分割時の遺産の評価額をもとに換算し、遺産分割において実際に取得できる遺産の価額を算定する必要がある。

　具体的には、各相続人の相続開始時点の**具体的相続分の割合**を求め、同割合を遺産分割時の遺産の評価額の合計に乗じることで、各相続人が取得できる遺産の価額が算出されることになる（以下の式を参照）。

$$\boxed{具体的相続分割合} = \frac{\boxed{各相続人の具体的相続分の価額}}{\boxed{各相続人の具体的相続分の合計額}}$$

$$\boxed{取得できる遺産額} = \boxed{遺産分割時の遺産の総額}$$
$$\times \boxed{具体的相続分割合}$$

［補足解説②］　相続財産清算人

1　相続財産法人

　相続人のあることが明らかでないときは、相続財産は法人とされ（民法951条）、相続財産の管理・清算という目的の限りにおいて、被相続人の権利義務を承継した相続人と同様の法的地位が与えられている（潮見115頁）。

　「相続人が明らかでないとき」には、①戸籍上、推定相続人が存在しない場合のほか、②推定相続人の全員が相続を放棄した場合がある。

2　相続財産清算人

　相続財産法人における相続財産の管理・清算を行う者として、家庭裁判所は、利害関係人等の請求によって、相続財産清算人を選任しなければならない（民法952条1項）。

3　相続財産清算人の権限

　相続財産清算人は保存行為と利用・改良行為（民法103条）をすることができるが、その範囲を超える行為を必要とするときは、家庭裁判所の許可が必要である（権限外行為の許可）（同法953条・28条1項前段）。遺産分割を成立させる場合も権限外行為の許可を要する。相続財産清算人は、相続財産の清算に向けて相続財産を管理し、処分する。

4　相続人の捜索と相続財産法人の清算

　家庭裁判所は、相続財産清算人を選任したときは、遅滞なく、その旨及び相続人があるならば一定の期間内にその権利を主張すべき旨を公告（選任・捜索公告）しなければならず、その期間は、6か月を下ることができない（民法952条2項）。同公告があったときは、相続財産清算人は、全ての相続債権者及び受遺者に対し、2か月以上の期間を定めて、その期間内にその請求の申出をすべき旨を公告（請求申出公告）しなければならず、その期間は、前記選任・捜索公告における権利主張期間内に満了するものでなければならない（同法957条1項）。

　選任・捜索公告における権利主張期間内に相続人としての権利を主張する者がないときは、相続人及び相続財産清算人に知れなかった相続債権者・受遺者は、その権利を行使することができない（同法958条）。相続財産清算人は期間内に申出をした相続債権者・受遺者と知れたる相続債権者・受遺者に、法が定める順位により弁済する（同法957条2項・929条・931条）。

5　特別縁故者への財産分与と国庫帰属

　権利主張期間が経過し、相続人の不存在が確定した場合において、家庭裁判所は、相当と認めるときは、特別縁故者に対し、その請求に基づき、清算後残存すべき相続財産の全部または一部を与えることができる（民法958条の2）。分与されなかった相続財産は、国庫に帰属し（同法959条）。相続財産清算人により国庫へと引き継がれ、相続財産法人の清算が完了する。

6　令和3年民法改正

　相続財産清算人は、従来、「相続財産管理人」と称されていたが、令和3年民法改正により、相続人が明らかでないときを含めた、清算を目的としない保存型の相続財産管理人の選任が可能となった（民法897条の2第1項）ことにより、これと区別するために名称が改められた（荒井198頁）。また、従来は、選任公告（2か月）の後に請求申出公告（2か月）がされ、その後に捜索公告（6か月）がされることになっており、最短でも公告の期間のみで10か月以上を要していた。必要以上に手続が重かったことから、前記のとおり合理化が行われた（荒井196頁）。改正規定は令和5年4月1日から施行され、同日以降に選任の審判がされたものについて適用される。

［補足解説③］　法定相続情報証明制度

　遺産分割に関する裁判所での手続や遺産分割成立後の登記申請等の手続には、都度、相続人を明らかにするための戸籍謄本等一式を提出する必要がある。兄弟姉妹や甥・姪が相続人になるようなケースでは、取付、提出を要する戸籍謄本等は大量になり、提出する者に過大な負担となっている。

　その負担を軽減するため、法定相続情報証明制度が設けられている。あらかじめ、法務局に戸籍謄本等一式と相続関係を一覧に表した図（法定相続情報一覧図）を提出して申出することにより、登記官がその一覧図に認証文を付した写しを無料で交付してくれる。その後の手続は、法定相続情報一覧図の写しを利用することで、戸籍謄本等一式を何度も取り付けたり、提出したりする必要がなくなる。また、前記法定相続情報一覧図に相続人の住所を記載する場合（住所は任意記載）には、住所の証明にも利用できる。その場合、申出にあたり、相続人の住民票の写し一式も提出することになる。

　具体的な手続については、法務局のウェブサイト（https://houmukyoku.moj.go.jp/homu/page7_000013.html）を参照されたい。

　なお、遺産分割調停等の申立にあたっても、法定相続情報一覧図の利用が可能になっているが、利用できる場合でも、一部の戸籍謄本等は原本の提出を求められているので、法定相続情報一覧図を利用する場合は、戸籍謄本等の提出を省略できる範囲を申立先の家庭裁判所に確認されたい。

［補足解説④］　遺産分割前の預貯金の払戻等

1　手続外での払戻制度

　預貯金は遺産分割の対象となるので、遺産分割が成立するまでは、他の相続人全員の同意がなければ、相続人による単独での払戻は認められない。その結果、当面の生活に支障が出る者もいるため、平成30年民法改正において、裁判所の判断によらず、各相続人が単独で預貯金を払い戻せる制度が設けられた（民法909条の2）。

　払戻ができる金額は、相続開始時の各預貯金の額の3分の1に払戻を求める相続人の法定相続分を乗じた額である。なお、金融機関ごとに法務省令で定める額を限度とする。限度額は150万円とされている。

　払戻がされた場合、払い戻した預貯金は当該相続人が遺産の一部分割によりこれを取得したものとみなされる。

2　仮分割制度

　家庭裁判所は、遺産分割の審判または調停の申立があった場合において、事件の関係人の急迫の危険を防止するため必要があるときは、当該申立をした者または相手方の申立により、遺産分割審判を本案とする仮差押、仮処分その他の必要な保全処分を命じることができる（家事法200条2項）。従来から、同規程により預貯金の払戻が認められる余地はあった。

　しかしながら、「急迫の危険を防止するため必要がある」場合を要件とすることから、相続開始後の資金需要に柔軟に対応することは困難であった（片岡・遺産分割438頁）。そこで、平成30年家事法改正により、同要件を緩和し、相続財産に属する債務の弁済、相続人の生活費の支弁その他の事情により遺産に属する預貯金債権を行使する必要があると認めるときは、遺産に属する特定の預貯金の全部または一部を仮に取得させることができることとした（同条3項）。

2 協議にあたっての方針の決定

ステップ 3 ····· 方針の決定

調査により確定した事実関係

　Xからの聴取とK弁護士の調査により確定した事実関係は、以下のとおりである。

　相続人（代襲相続人を含む）は、次頁［相続人関係図（令和5年3月31日時点：確定）］記載のとおり、Xのほか8名、被相続人死亡後に相続人であるDが死亡し、その法定相続人が3名いることから、遺産分割に参加する者はXのほか10名となる見込みである。

　遺産及びその評価額については、後記［遺産目録（令和5年3月31日時点：確定）］（52頁）のとおりで、総額4500万円である。相続人であるXは、被相続人の生前、被相続人から自宅マンションの持分2分の1の贈与を受けており、これは特別受益にあたる。

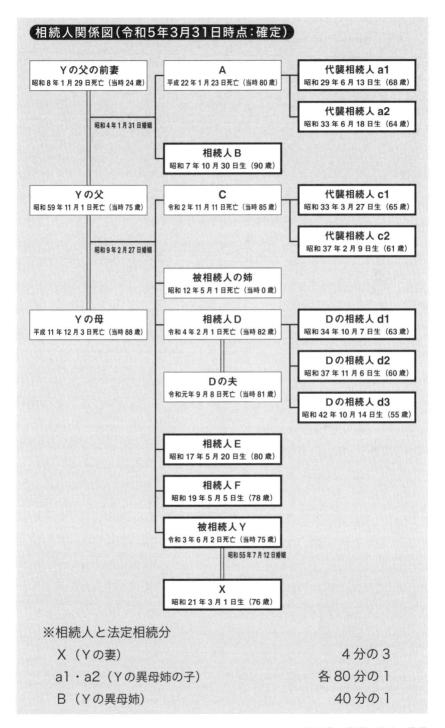

相続人関係図（令和5年3月31日時点：確定）

Yの父の前妻
昭和8年1月29日死亡（当時24歳）

A
平成22年1月23日死亡（当時80歳）

代襲相続人 a1
昭和29年6月13日生（68歳）

代襲相続人 a2
昭和33年6月18日生（64歳）

昭和4年1月31日婚姻

相続人 B
昭和7年10月30日生（90歳）

Yの父
昭和59年11月1日死亡（当時75歳）

C
令和2年11月11日死亡（当時85歳）

代襲相続人 c1
昭和33年3月27日生（65歳）

代襲相続人 c2
昭和37年2月9日生（61歳）

昭和9年2月27日婚姻

被相続人の姉
昭和12年5月1日死亡（当時0歳）

Yの母
平成11年12月3日死亡（当時88歳）

相続人 D
令和4年2月1日死亡（当時82歳）

Dの相続人 d1
昭和34年10月7日生（63歳）

Dの相続人 d2
昭和37年11月6日生（60歳）

Dの夫
令和元年9月8日死亡（当時81歳）

Dの相続人 d3
昭和42年10月14日生（55歳）

相続人 E
昭和17年5月20日生（80歳）

相続人 F
昭和19年5月5日生（78歳）

被相続人 Y
令和3年6月2日死亡（当時75歳）

昭和55年7月12日婚姻

X
昭和21年3月1日生（76歳）

※相続人と法定相続分

X（Yの妻）	4分の3
a1・a2（Yの異母姉の子）	各80分の1
B（Yの異母姉）	40分の1

c1・c2（Yの同母兄の子）　　　　　　　　各40分の1

D（Yの同母姉）　　　　　　　　　　　20分の1

　　→　Y死亡後に死亡し、d1・d2・d3が相続

E（Yの同母兄）　　　　　　　　　　　20分の1

F（Yの同母兄）　　　　　　　　　　　20分の1

［遺産目録（令和5年3月31日時点：確定）］

不動産	自宅マンションの2分の1の共有持分		¥10,000,000	不動産業者の査定額
預貯金	○○銀行○○支店　定期預金	¥20,000,000		現在残高
	○○銀行○○支店　普通預金	¥3,000,000		現在残高
	××信用金庫××支店　普通預金	¥1,000,000		現在残高
	ゆうちょ銀行　　通常貯金	¥1,000,000		現在残高
	小計		¥25,000,000	
有価証券	□□社株式　　　500株	¥5,000,000		R5.2.28時点残高
	投資信託	¥5,000,000		R5.2.28時点残高
	小計		¥10,000,000	
動産	自宅内の家財		¥0	無価値
合計			¥45,000,000	

※YからXへの自宅マンションの共有持分2分の1の贈与時期

　　令和元年8月1日

※Xが負担したYの葬儀費用　100万円

遺産分割協議に臨むにあたっての方針

①遺産分割の当事者と法定相続分

X　　　　　　　　　　　4分の3（配偶者の相続分）

a1（Aの代襲相続人）　　80分の1（Aの相続分の2分の1）

a2（Aの代襲相続人）　　80分の1（Aの相続分の2分の1）

B　　　　　　　　　　　40分の1（全血兄弟姉妹の2分の1）

c1（Cの代襲相続人）　　40分の1（Cの相続分の2分の1）

c2（Cの代襲相続人）　　40分の1（Cの相続分の2分の1）

d1（二次相続の相続人）　60分の1（Dの相続分の3分の1）

d2（二次相続の相続人）　60分の1（Dの相続分の3分の1）

d3（二次相続の相続人）　60分の1（Dの相続分の3分の1）

E　　　　　　　　　　　20分の1（半血兄弟姉妹の2倍）

| F | 20 分の 1（半血兄弟姉妹の 2 倍） |

②分割の対象となる遺産の額

遺産の総額	4500 万円
共有持分による減額	▲ 100 万円
葬儀費用の控除	▲ 100 万円
X 負担の諸費用の控除	▲ 100 万円
控除後の金額	4200 万円

※共有持分であることによる減額・葬儀費用及び諸費用の控除については法的に強制できるものではないので、X 以外の相続人の全員ないしは大部分が了解する限りにおいて減額・控除を主張することとし、大部分が了解しない場合は、その全部または一部の減額・控除を見直すこととする。

※マンションについては、今後も X が居住し、当面売却等の処分は考えていないとのことなので、売却した場合の譲渡所得税の負担については遺産分割において考慮しないこととした。

※Y から X への贈与は持戻し免除の意思表示が推定されるので、遺産額には加算しない。

③各相続人が取得する遺産の価額

X	4200 万円 × 4 分の 3 = 3150 万円
	＋ 300 万円（減額・控除分）
	＝ 3450 万円
a1	4200 万円 ×80 分の 1 = 52 万 5000 円
a2	4200 万円 ×80 分の 1 = 52 万 5000 円
B	4200 万円 ×40 分の 1 = 105 万円
c1	4200 万円 ×40 分の 1 = 105 万円
c2	4200 万円 ×40 分の 1 = 105 万円
d1	4200 万円 ×60 分の 1 = 70 万円
d2	4200 万円 ×60 分の 1 = 70 万円

d3　4200万円×60分の1＝　70万円
E　　4200万円×20分の1＝210万円
F　　4200万円×20分の1＝210万円

※②の減額・控除の主張を大部分の相続人が了解しない場合は、
　X以外の相続人の取得額を加算することを検討する。

④分割の方法

　他の相続人の取得する遺産額がXと比較して少額であり、他の相続人が預貯金の解約・払戻の手続を行うことは期待できないことから、全ての遺産をXが相続することとしたうえで、Xにおいて遺産中の預貯金の解約・払戻を行い、他の相続人に対し、各自の取得額に相当する現金を代償金として支払う代償分割の方法によることとする。

⑤今後の進め方と要する時間

　まずは、他の相続人全員に対し、相続を希望するか否かの意思確認を行い、その後に、希望する者への分割案の提案と希望しない者の相続分の処理を行うこととする。

　順調に意思確認と協議が進み、遺産分割が成立するとしても、相続意思の確認の通知後2か月程度の期間は要し、協議において問題が生じた場合には、より長期間を要する。協議が成立しない場合は、そこから家庭裁判所での調停等の手続を行うことになるので、さらに期間を要することになる。

※K弁護士はXと面談し、上記方針を説明してXの了解を得た。
　なお、K弁護士から、Xを紹介してくれた税理士に確認したところ、相続税が課税されることはなく、申告は不要であろうとのことであった。

1 遺産から控除を検討すべき金額

　他の相続人との協議に着手するに先立ち、依頼者を含めた各相続人が取得する遺産額を算出し、目指すべき解決の姿を明確にしておく必要がある。基本的には、相続人と遺産分割の対象となる遺産を確定し、遺産の評価をしたうえで、特別受益・寄与分による修正を行って、各相続人が実際に取得できる遺産額を算出することになる。

　法的には、遺産中の不動産の賃料収入や、固定資産税といった負担・葬儀費用等は遺産分割の対象とはならないが、他の相続人が同意する限りは、遺産分割の中で一括して精算することが可能である。一括して精算できれば、**紛争を1回で解決できる**ことになり望ましい。特に相続人が多数のケース、疎遠な相続人がいるケースでは、協議を何度も行い、別途解決するのはいずれの相続人においても大きな負担となるので、方針を確定する際に、解決すべき事項を漏らさないようにして、1回で解決できるような解決案を策定する必要がある。

　不動産の共有持分の評価について、持分を有している相続人が取得する限りは、共有持分であることにより、当然には減額できないことは本章**1**3②オ（ウ）（37頁）のとおりである。この点も、他の相続人が同意すれば、減額した価額を評価額とすることも許されることから、他の相続人への提案にあたっては、一定の減額をした価額を用いることを検討することになる。他の相続人に誤解を与え、後日、無用な争いを生じさせないよう、提案に際しては、本来の評価額を示したうえで、なぜ減額を求めるのかを明らかにしておくべきである。

　同じく、遺産分割を求める相続人において負担する調査や遺産分割後の換価・代償金支払の手間、これらの事務を弁護士に依頼することによる費用についても、法的には遺産分割では考慮されない。他の相続人の同意があれば考慮することは可能であるので、方針の決定にあたり、これらの負担を考慮した分割案を策定することも考えられる。

2　特別受益・寄与分の考慮の要否

　相続人の中に被相続人から生前に贈与を受けていた者や被相続人の財産の維持・増加に特別の貢献があった者がいる場合、特別受益ないしは寄与分を考慮して各相続人が実際に取得できる遺産額を算定することになる（本章■4（42頁）参照）。しかしながら、疎遠な相続人については、その者の特別受益や寄与分の有無を知り得ないことが通常で、一部の相続人の特別受益や寄与分を考慮して各相続人の取得額を算定した場合、それにより不利益を受ける相続人の同意を得られにくくしてしまうおそれがある。相続人が多数の場合、遺産分割に参加する**全ての相続人の同意を得ることが第1の課題**であり、かつ、配偶者以外の相続人の相続分は少額となることが少なくないことから、特別受益・寄与分を考慮することの意義がどの程度あるかを慎重に検討する必要がある。

　調停等の手続になった場合に主張する余地は残しつつ、協議の段階では、特別受益や寄与分は無視して取得額を試算し、分割案を策定することが適当な場合も少なくない。ただし、遺産分割を求めていく相続人においては、他の相続人に無用な誤解を与えず、その理解と納得を得るため、自身に対する不動産や多額の現金の贈与といった高額かつ明らかな特別受益については、自ら明らかにしたうえで遺産分割を求めていくことが、他の相続人の同意を得るために必要となる。

3　分割方法の検討

①　分割方法

　各相続人が実際に取得することができる遺産額が算定できた場合、各相続人の取得額をもとに、遺産分割の対象となっている遺産をどのように各相続人に帰属させるか、分割の方法が問題となる。

　この点、個々の遺産を各相続人にそのまま割り付けて帰属させる「**現物分割**」、一部の相続人にその取得できる価額を超えて遺産を取得させ、他の相続人に対し金銭（**代償金**）の支払をさせる「**代償分割**」、遺産を換価して各相続人に代金を分配する「**換価分割**」、遺産を各相続人が取

得すべき金額の割合で共有させる「**共有分割**」の4つの方法があり、実際には、一部の遺産を現物で帰属させ、他の遺産を換価して代金を分配するといったように、複数の方法を併用することが行われている。

②　選択すべき分割方法

「共有分割」は遺産の共有状態が継続することになり、後日、**共有物分割**の手続により共有関係を解消しなければならなくなるので、可能な限り避けるべきである。また、相続人が多数の場合、遺産を各相続人に割り付けて「現物分割」することは困難であり、「代償分割」か「換価分割」によることになるのが一般的である。また、配偶者以外の相続人の取得額は少額であることが多く、これらの相続人が積極的に遺産の換価に協力するかには疑問が残る。実際には、配偶者その他遺産分割を積極的に求めている相続人が遺産の全部ないしは大部分を相続し、他の相続人に代償金を支払う「**代償分割**」の方法によることが多いといえる。

4　方針策定の重要性

　相続人が多いケースでは、一旦提案した分割案を途中で変更することは、影響する者が多く、大きな変更は相続人に不信感を抱かせ、遺産分割の成立を困難にする。また、多数の相続人・疎遠な相続人との協議の機会は限られざるを得ないことから、相続人の全員にとって、できる限り理解が得られやすく、相続人の全員ないしは大部分が提案内容のままで同意してくれるような分割案が望まれる。各相続人が取得できる遺産額を踏まえ、どのような解決を目指すか、多数の相続人・疎遠な相続人との遺産分割では、方針の策定が殊に重要で、確実かつ早期の解決には適切な方針の策定が不可欠の前提となる。

　なお、方針については、依頼者に対し十分な説明を行い、理解・了解を得るとともに、交渉における修正の可能性も予告し、了解を得ておかなければならない。さらに、多数の相続人との交渉が必要となるので、策定した方針を前提としつつも、どこまでであれば修正が可能かを十分に打合せしておき、代理人として、一定範囲の裁量をもって協議にあた

れるようにしておきたい。加えて、協議が不成立に終わり、調停等の手続が必要になる可能性があることについても説明し、了解を得ておかなければならない。

遺産分割協議の実際

聴取し、調査した事実に基づいて立てた方針にしたがい、本章では、どのように遺産分割協議を進めていくのかを取り上げる。①各相続人の相続意思の確認、②相続意思のない相続人への対応、③遺産分割案の提示、④合意にいたった場合の協議内容の書面化について解説するとともに、これらの各過程において、相続人に対しどのような説明をし、どのように協議・交渉を行っていくのかを具体的に紹介する。

相続人への初回通知

本章以下では、遺産分割の具体的な進め方について解説していく。本書では、紙幅の都合上、相続人が10名程度の事例を設定しているが、それ以上に相続人がいる場合でも、人数が増えることにより時間及び手間が余計にかかることを除いては、進め方や協議の方法、取り付ける書面等は基本的に変わらない。多数の相続人・疎遠な相続人との遺産分割の基本形として、より多数の相続人がいる場合にも活用できるはずである。

また、解決までの流れは、相続人が少数の場合にも妥当するものと思われ、広く遺産分割全般に応用可能な解決方法の一つとして、参考にしてもらいたい。

ステップ4 …… 相続人への初回通知

K弁護士は、X以外の相続人（代襲相続人・二次相続の相続人を含む）に対し、Xの依頼によりYの遺産の分割協議を代理することになったことを通知し、Yの遺産を相続する意思があるか否かを確認するため、同相続人全員の住民票上の住所に宛てて、次頁【書式1】記載の「ご通知」を発送した。

「ご通知」では、被相続人が死亡したこと、妻であるXは被相続人の相続人であることを述べたうえで、遺産目録を添付して遺産の内容を明らかにし、遺産分割の必要があることを述べた。そのうえで、相続分を有する者の人数と通知の相手方である相続人それぞれの相続分の割合を通知し、遺産の取得（相続）を希望するか否かについて、K弁護士宛に連絡をもらいたい旨お願いする内容になっている。

［書式1］　通知文例

ご　通　知

令和５年４月○日

亡　Y　様相続人[1]　各位

横浜市中区○○町○丁目○番地
○○ビル○階
K　法律事務所
電　話○○○-○○○-○○○○
ＦＡＸ○○○-○○○-○○○○
X　代理人
弁護士　　　　K　　　　印

突然のご連絡誠に失礼をいたします。

亡　Y　様（以下「被相続人」といいます。）の妻である　X　（以下「通知人」といいます。）を代理してご通知申し上げます。

被相続人は令和３年６月２日に死亡されましたところ、通知人は被相続人の相続人となります[2]。

通知人が承知しております限りで[3]、被相続人には別添「遺産目録」[4]（省略）記載の遺産が存在しており、遺産分割がされないままになっておりますので、被相続人の相続人の間で遺産分割を行う必要があります。

被相続人の遺産に対し相続分を有する方々[5]は、通知人のほか、相続人である兄弟姉妹様３名と代襲相続人である甥姪様４名に加え、被相続人の死亡後に死亡された被相続人のお姉様のお子様３名（お姉様の相続人）の10名がおられ、通知人を含め合計11名となります。

妻である通知人の法定相続分は４分の３となりますので、残りの４分の１を他の皆様が相続されることになり[6]、**○○様が有しておられる相続分は○分の○となります**[7]。

つきましては、遺産分割の具体的な内容について協議させていただくに先立ち、まずは、<u>○○様において被相続人の遺産の相続を希望されるか否かを確認させていただきたく</u>[8]、ご連絡させていただきました。ご面倒をおかけして誠に恐縮ですが、相続を希望されるか否かについて、**当職宛にお電話にてご連絡をいただきますようお願い申し上げます**[9]。

（添付資料）

1	遺産目録	1通
2	不動産登記事項証明書写し	1通
3	残高証明書写し	3通
4	取引残高証明書写し	1通

以上

1　全ての相続人に通知していることを明らかにするため、通知の相手方の氏名ではなく、「相続人　各位」とした。

2　被相続人の死亡を知らせるとともに、通知人が被相続人の相続人であることを述べている。

3　現時点で通知人が知っているものに限られることを明らかにした。

4　【ステップ3】方針の決定［遺産目録（令和5年3月31日時点：確定）］（52頁）に基づいて遺産目録を作成し、添付している。預貯金及び有価証券の直近残高は記載し、不動産の評価額はこの時点では記載していない。

5　二次相続の相続人が含まれるので、「相続分を有する方々」とした。

6　相続分が少ないことの理由がわかるようにした。

7　通知の相手方の相続分を記載した。この部分は通知の相手方ごとに異なる記載となる。

8　通知の中心的な目的である遺産取得の意思確認に関する記載である。

9　遺産取得の意思の有無について、「電話」による連絡を依頼している。この点、「書面」回答を依頼することも考えられる。

1　通知の目的

　相続人と遺産を調査し、各相続人が取得できる遺産額を算定したうえで、遺産分割協議を開始するにあたっては、相続人（代襲相続人・二次相続の相続人を含む）に対し、いきなり分割案を提案するのではなく、まずは、遺産分割協議が必要であることを知らせ、**遺産を取得する意思があるかどうか**を確認するべきである。多数の相続人がいる場合、遺産分割に関わることを煩わしく思うといった理由から、相続を希望しない者もいる。協議を迅速かつ円滑に進めるためには、当事者は少ないに越したことはなく、相続を希望しない者を本人の意に反してまで協議に加えることは適当ではない。具体的には、全ての相続人に対し、①被相続人が死亡して相続が開始されたこと、②通知人が相続分を有していること、③遺産の存在と内容、遺産分割が未了であること、④相続人の人数と通知の相手方の相続分を通知し、⑤相続の意思があるかどうかについて、通知人（代理人弁護士）への連絡を依頼することになる。

2　文書によることの必要性

　通知は、電話等を利用して口頭で行うことも考えられるが、全ての相続人に通知していることと、その内容について、後日の証拠にするため、文書によることが適当である。相続人が多い場合には、電話番号がわからない者が含まれ、また、個々に電話連絡するのは大変な手間となる。また、疎遠な相続人がいる場合、突然の電話により当該相続人に無用の動揺を与え、その後の協議の円滑を欠くことにもなりかねない。

3　遺産の内容

　通知された相続人が遺産の取得を希望するか否かを考える前提として、**遺産の目録**を作成して通知書に添付することにより、遺産の内容を明らかにする。通知の相手方である相続人が誤解なく判断できるよう、通知時点で明らかになっている遺産については漏れなく開示する。この

点、預貯金や有価証券といった直近の価額が明らかなものについては、相続人の検討・判断の材料となるよう、金額（評価額）を明示すべきであるが、不動産のような評価額が必ずしも明確でないものについては、当初から明示することが適当か否かを慎重に検討する必要がある。

不動産の現況や権利関係等から評価額を減額すべき場合や負債・葬儀費用等の精算が望ましいようなケースでは、不動産の評価額は**分割案を提示する時点**で示したほうが他の相続人の理解を得やすく、適当な場合がある。相続意思の確認の目的は、遺産の取得を**明らかに望まない者**を確定させることにあり、取得するか否かを検討中の者は、遺産の取得を希望するものとして取り扱うことにすれば、誤解を与えるリスクを負ってまで、不明確なことを無理に通知する必要はない。

4 通知の相手方の相続分

相続人が遺産の取得を希望するか否かを判断できるよう、通知の相手方の相続分を明示しておくべきである。配偶者以外の相続人の相続分は少額となることが多いので、相続分を通知するにあたっては、配偶者以外の相続人の相続分の合計が4分の1であることと、配偶者以外の相続人が何人いるのかを明らかにして、理解を得やすいようにする。

通知人以外の相続人間の関係性が希薄で、互いに住所や氏名を知らない場合もあるので、この時点では相続人の種類（相続人か代襲相続人か、二次相続の相続人か）とその人数のみを明らかにし、各相続人の個人情報は開示しないことが無難である。

5 相続意思の確認

通知の主たる目的である遺産を取得する意思の確認について、通知人の代理人である弁護士への回答を明確に依頼しておく。相続人が多数の場合、配偶者以外の相続人の相続分は少額であることが通常で、遺産に対し関心を有していない者、面倒な手続に関わりたくないという者が少なからずいる。これらの者を無理に協議に加えると、連絡が取りにくく

なったり、必要な書類を提出してもらえなかったりしやすい。相続の意思がなく、遺産分割協議に関わることを希望しない者を、具体的な協議に先立ち、当事者から除外しておくことは、協議を迅速かつ円滑に進めるために有効である。

　ただし、相続人は相続分を有しており、本来であれば遺産を取得できる立場にあるのであるから、手続を円滑に進めるために**明らかに相続意思のない者を除外する**という目的を超えて、相続人の相続意思を失わせるようなことはすべきではない。相続しないように誘導するといったことをすると、当該相続人に不信感や反感を抱かせ、その後の協議の重大な支障ともなりかねない。相続を希望するか否かを適切に判断できるよう、正確な情報を提供したうえで、各相続人の判断に委ねるべきである。相続を希望するか否かの判断がつかない者は相続意思ありとして、協議に加えるべきである。

　なお、回答は書面によるよう依頼し、回答書の書式を通知文に同封し、返送を依頼するという方法もあるが、相続人の疑問に答え、意向を理解し、迅速に意思確認を進めるには、経験上、少なくともこの段階では、電話による回答を依頼することが適しているように感じる。ただし、相続人が10名を大きく超えるような場合には、**書面回答**によらざるを得ないであろう。その場合、後日の電話連絡が可能となるよう、回答書式には、**相続人の電話番号**を記入する欄を設けるようにする。

6　添付資料

　相続を希望するか否かを判断するための正確な情報を提供するため、**遺産を特定できる資料**は可能な限り添付し、直近の価額を明示する遺産については、**評価額に関する資料**を添付することが望ましい。前記のとおり不動産について評価額を明示しない場合でも、特定のための登記事項証明書の写しは添付しておくべきである。

2 相続人の相続意思の確認

ステップ**5** …… **相続人への相続意思の確認**

　K弁護士が、【ステップ4】相続人への初回通知（60頁）で発送した【書式1】（61頁）記載の「ご通知」に対する各相続人の対応・回答は以下のとおりであった。

a1・a2の対応・回答

「ご通知」を発送後間もなくして、代襲相続人であるa1からK弁護士の法律事務所に電話があり、K弁護士とa1とは、次のようなやり取りを行った。

> 手紙をもらったので電話しました。相続は希望しません。
> a2も希望しないと言っていました。
> どのような手続をとればいいですか？

a1

> ご連絡ありがとうございます。
> お二人とも、相続しないということで、本当によろしいのでしょうか？
> 大事なことですので、a2様には直接確認させてください。
> よろしければ、a1様とa2様のお電話番号を教えていただけないでしょうか？

K弁護士

私と a2 は Y さんとは母親が違い、この 10 年以上全くお付き合いもないですし、相続するつもりはありません。私の電話番号は、○○○－○○○○－○○○○です。a2 には、K 弁護士宛に電話させます。

承知いたしました。a2 様からのお電話をお待ちします。a1 様におかれては、相続するつもりはないということであれば、家庭裁判所で相続放棄の手続をとっていただくというのが本来の方法かと思います。これにより、最初から Y 様の相続人ではなかったことになります。それほどの手間ではないですが、家庭裁判所に書類をそろえて提出しなければならないので、面倒なようであれば、相続分の譲渡といって、a1 様の相続分を当職の依頼者である X に無償で譲渡してもらうことにより処理するという方法もあります。
相続分の譲渡を受けると、X の相続分が a1 様の相続分の分だけ増えることになりますので、X の相続分のみが増えることに差支えがあるようでしたら、無理をなさらなくても結構です。

X さんは Y さんの奥さんですし、相続分が増えるのは構いません。相続分の譲渡という方法でお願いします。

承知いたしました。他の相続人の皆様の意向が確認できましたら、必要な書類等を改めてご案内いたします。

　数日して、a2 からも K 弁護士の法律事務所に電話があり、a1 同様、相続を希望しないとのことであった。相続放棄及び相続分の譲渡について説明し、相続分の譲渡によった場合、X の相続分が増えることも説明したうえで、a2 からも相続分の譲渡によることの了

解を得た。

　追って必要書類等は連絡する旨を伝え、電話番号も確認した。

- -

Bの対応・回答

「ご通知」送付後しばらくしても連絡がなかったため、K弁護士は、B宛に「ご通知」に対する回答の連絡をお願いする旨の文書を発送した。「ご通知」もその後の文書もBには間違いなく届いている。

　K弁護士は、Bの姪にあたるa1に電話し、Bから連絡がないが、連絡をとる方法はないかを確認したところ、a1から、いとこであるBの娘と付き合いがあるので、Bの娘に連絡してみるとのことであり、K弁護士は連絡をお願いした。

　数日して、Bの娘からK弁護士の法律事務所に電話があり、K弁護士は、Bの娘と次のようなやり取りを行った。

Bの娘

> Bの一人娘です。a1さんから電話をもらったので、電話しました。母は、年齢から腰と脚が不自由で、施設に入っていますが、頭はしっかりしています。Yさんの相続に関するお手紙をもらっているのは承知しています。いただけるものがあるのなら、いただこうかと思う反面、Yさんとは母親が異なるので、もらってもいいものかと悩んでいます。
>
> いずれにしても、Yさんの相続の件は、一人娘である私に任せるとのことでした。どうしたものでしょうか？

> ご連絡ありがとうございます。
> B様はY様の相続人で、相続分を有しておられるので、相続したくないというわけでなければ、相続されるということでよろしいのではないでしょうか。
> 相続の手続は、追ってご連絡させていただきます。B様の判断がしっかりされているということであれば、当職との連絡は娘様からでも構いませんが、文書等は今後も

K弁護士

B様に直接お送りさせていただきます。これまでに文書をお送りさせていただいた先は入所している施設で間違いないでしょうか？
また、娘様のお電話番号を教えてください。

Bの娘

お送りいただいている文書は、母の入所している施設に間違いなく届いています。
私の電話番号は、○○○－○○○○－○○○○です。
それでは、ご連絡をお待ちしています。

　本来的には、Bから直接意思確認をすべきであるが、相続を希望するとのことであり、連絡してきたのが一人娘でもあるので、現時点では、娘を介することとし、Bは相続の意思を有することを確認した。

----

c1・c2の対応・回答

「ご通知」発送後、間もなくして、c1からK弁護士の法律事務所に電話があり、c1は相続するとのことであった。K弁護士は、c1に対し、追って改めて連絡する旨伝え、c1の電話番号を教えてもらった。

　これに対し、c1の弟であるc2からは連絡がなく、K弁護士から、兄であるc1に、c2への連絡をお願いしたが、兄弟ではあるものの付き合いは全くなく、c1はc2の電話番号を知らず、連絡が取れないとのことであった。

　K弁護士は、c2宛に回答の連絡をお願いする文書を2度に渡って発送し、2度目のお願い文書には、このまま連絡がないと家庭裁判所に調停を申し立てざるを得ない旨を強調して記載したところ、c2からK弁護士の法律事務所に電話があり、相続するとのことであった。K弁護士は、追って連絡する旨伝え、c2から電話番号を教えてもらった。

----

d1（d2・d3）の対応・回答

「ご通知」に対し、d1からK弁護士の法律事務所に電話があった。

d1によれば、d1・d2・d3の母Dが死亡した際、d2・d3はDの相続を放棄しており、d1のみがDを相続したとのことで、d1はYの遺産の相続を希望するとのことであった。

K弁護士は、d1の電話番号を教えてもらったうえ、Yの遺産に対するDの相続分がd1のみに相続されたことを前提に遺産分割を進めるには、d2・d3がDの相続を放棄していることを確認する必要があるため、家庭裁判所発行の「相続放棄申述受理証明書」が必要となる旨を説明した。d1によれば、Dの預金を払い戻す際に、銀行から同じことを言われ、家庭裁判所から書類を発行してもらい、予備が手元に残っていると思うとのことであった。d1からK弁護士の事務所宛に同書類を送るので、確認して欲しいとのことであった。

数日後、d1からK弁護士の事務所に書類が届き、K弁護士が内容を確認したところ、d2・d3がDの相続を放棄したことを証明する「相続放棄申述受理証明書」の原本であった。K弁護士はd1に電話し、「相続放棄申述受理証明書」に間違いないことを伝え、同書類を手続のためにXが受け取ってよいかを尋ねたところ、d1から、Xに提供することの了解を得ることができた。

以上により、Dが有していたYの遺産に対する相続分20分の1は、d1が単独で相続により取得しており、また、d1がYの遺産を相続する意思を有することを確認できた。

Eの対応・回答

「ご通知」の発送後、しばらくして、EからK弁護士の法律事務所に電話があった。EとK弁護士の間では次のやり取りがされた。

> 文書が送られてきたが、これは何だ。
> Xが4分の3も相続して、一方的に、「あなたの相続分は20分の1」だなどと言われても納得がいかない。

E

重要なことですし、お電話番号も存じ上げなかったため、突然にお手紙を差し上げ、失礼をいたしました。

ご納得がいかないかもしれませんが、民法という法律で、亡くなった方の妻とご兄弟とで相続される場合、妻の相続分は4分の3、兄弟姉妹全員で残りの4分の1と定められています。

家庭裁判所の調停等では法定の相続分にしたがって遺産分割がされます。

裁判所への出頭といったご面倒をお掛けしないよう、できるだけ避けたいとは思っていますが、E様に限らず、ご納得いただけない相続人がいる場合には、家庭裁判所での調停等の手続で解決するほかはなく、その場合には、法定の相続分にしたがって解決されることになります。できればご理解いただけると幸いです。

自分の相続分の割合がなぜ20分の1なのかはわかった。揉めたいわけではないが、法的にもらえるものはきちんともらいたい。自分は、いくらもらえるのか？

相続人の皆様それぞれが取得する遺産は、相続人の皆様全員の希望を一通り確認したうえでないと正確なことは言えません。

不正確なことを言って誤解を与えるのはよくないので、相続人の皆様全員の意向が確認でき次第、具体的な遺産の分割案をご提案させていただきます。

ご提案は改めて文書でさせていただきます。念のため、お電話番号をお聞きしておいてよろしいでしょうか。

それでは、具体的な提案が来てから、印鑑を押すかどうかを考えることにする。自分は現金でもらいたい。

電話番号は、○○○－○○○○－○○○○である。

「ご通知」の発送後すぐに、FからK弁護士の法律事務所に電話が
あった。FとK弁護士のやり取りは次のとおりであった。

F

> 相続は当然希望する。現金でもらいたい。
> しかし、20分の1というのは到底納得がいかない。
> 他の人は知らないが、自分はもっともらわないと判子は
> 押さない。

K弁護士

> たくさんもらいたいというのはわかりましたが、法律で
> 定められている兄弟姉妹の相続分は、兄弟姉妹全体で4
> 分の1、それを兄弟姉妹の皆様で分けるとF様の法定相
> 続分は20分の1になります。
> ご納得いただけなければ、無理を言うことはできません
> が、その場合は家庭裁判所に調停を申し立てざるを得ず、
> 裁判所に出頭していただくことと、時間がかかることは
> ご了解いただくほかはありません。
> 裁判所では、当然のことですが、法律にしたがって遺産
> 分割が行われるので、法定相続分に基づいて分割される
> ことになります。
> 他の相続人の皆様のご意向を一通り確認させていただい
> た後に、具体的な分割案をご提案いたしますので、本日
> ご説明させていただいたことも踏まえて、ご検討いただ
> けるとありがたいです。
> 念のため電話番号を教えていただけますでしょうか。

F

説明はわかった。提案を見てからどうするかを決める。
ただ、20 分の 1 というのは納得していないので、提案
には応じられないかもしれない。
電話番号は、○○○－○○○○－○○○○である。

相続意思の確認結果

（相続を希望する者）

　　B・c1・c2・d1・E・F

　　※B・c2 は連絡が取りにくい。Bは娘の協力が得られそうであ
　　　るが、c2 は連絡が取れなくならないかに懸念が残る。

　　※Dの相続人がd1 のみとなるため、【ステップ3】方針の決定
　　　①（52 頁）中の二次相続の相続人はd1 のみとなり、その相続
　　　分は 20 分の 1、d2・d3 はYの遺産分割の当事者とはならず、
　　　相続分も有しない。また、同③（53 頁）中のd1 の取得額は
　　　210 万円となり、d2・d3 は遺産を取得しない。

　　※E・Fは相続分が少ないことに不満を持っており、法定相続分
　　　による分割に同意を得られるかは、現時点では不確実である。

（相続を希望しない者）

　　a1・a2

　　※相続しない意思が固いようである。

　　　なお、両名とも、Xへの相続分の譲渡を了解している。

1　相続人への対応

①　相続人対応における基本的姿勢

　相続人に対する初回通知（本章**1**（60 頁）参照）後の対応における第
1 の目的は、各相続人の相続意思の有無を確認し、**相続意思がないこと**

が確実な相続人を把握することである。相続意思がない者を除外した遺産分割案を他の相続人に提示した後になって、相続の意思なしとした相続人が翻意するようなことがあると、提示した遺産分割案を撤回せざるを得なくなり、それまでの協議が無に帰してしまうだけでなく、提示を受けた相続人に不信感を抱かせ、協議が不成立となってしまうことにもなりかねない。相続意思の確認の前提として、相続意思のない相続人が、誤解なく、真意において相続の意思を有していないことを確認する必要がある。

　そのため、当初通知において通知した事項その他に関する相続人からの問い合わせには、正確かつ丁寧な対応をとり、相続するか否かを誤解なく判断できるように努めなければならない。相続しない方向に誘導するようなことはせず、相続するか否かを悩んでいる者や前提事実を誤解していることがうかがわれる者に対しては、少なくともこの時点では、**相続する前提**で協議を進めることが、確実かつ迅速な解決に資するといえる。

②　連絡先電話番号の確認

　相続人から連絡があった場合、今後の連絡のため、電話番号を必ず確認する。遺産分割案の提示といった重要な事項については、引き続き文書によるべきであるが、回答を催促したり、書面の内容を説明したりするには、口頭によるほうが迅速かつ適当である場合が少なくない。

③　感情的になっている相続人への対応

　弁護士からの通知に対し、感情的な言動をする相続人もいる。単純に自身の相続分が少ないことを不満に思って感情的になる者もいるが、被相続人に、被相続人の親から相続した遺産があるといった場合に、被相続人の配偶者が相続人として、兄弟姉妹よりも多額の相続分を有することに対し「『○○家』の財産を『他人』である配偶者が引き継ぐのはおかしい」といった「家」制度を前提とするような発言をする者もいる。

　このような相続人に対しては、法律の規定内容を丁寧にかつ淡々と説明する。感情的になっている相続人を無理に納得させようとせず、**相続**

意思があることと**連絡先電話番号**を確認することのみに留め、後日、遺産分割案を送付するので、まずは、そちらを検討してもらうこととし、どうしても納得がいかない場合には、家庭裁判所における調停等の手続により解決することになることを説明し、早々に電話を終えるほうがよい。

　無理な説得は当該相続人の感情をかえって逆なですることになり、その後の協議をより困難にさせることになる。時間を置くことで多少なりとも冷静になる場合があり、当該相続人において弁護士に相談することで、法的に致し方ないことを理解してくれる場合もある。

2　相続を希望する者に対して

　具体的な協議は、後日、遺産分割案を提示した後とすることを伝え、相続人の希望は聞き置くに留めて、具体的な協議は行わない。

　分割案の提示時期を問われることがあるが、他の相続人からの相続意思の確認が一通り済んだ後となることを伝え、おおよその予定を伝えるに留め、確定的な時期は約束しないようにする。

　なお、相続意思の確認は本人から直接に行うべきであるが、相続するとの内容であれば、分割案提示時に再度意思確認ができるので、当該相続人の親族からの伝言により確認することで足りる場合もある。

3　相続を希望しない者に対して

　相続を希望しないとの意思の確認は、当該相続人が判断能力を有しつつも、会話等に支障があるといったやむを得ない例外的な場合を除いては、**本人から直接**に行うべきである。

　そのうえで、相続を希望しない相続人に対しては、当該相続人において相続を承認するか否かの**熟慮期間**が経過しておらず、**相続放棄**が可能であれば、まずは相続放棄の手続を説明することが適切である。相続を放棄すれば初めから相続人とならなかったことになる（民法939条）ので、相続を希望しない相続人の意思に最も合致するといえる。他方で、相続

放棄には家庭裁判所への申述（民法938条）が必要であり、当該相続人に一定の手間をかけることから、「**相続分の譲渡**」（次頁参照）による方法についても説明しておく。「相続分の譲渡」では、譲渡を受けた者の相続分が譲渡を受けた分だけ増えることになることも説明する。それに納得がいかない場合には、相続放棄の申述を行ってもらうか、「**相続分の放棄**」によることを検討してもらうことになる。

　当該相続人において「相続分の譲渡」を選択した場合、その方法と効果の概略のみの説明に留め、具体的にどのような対応をとる必要があるかについては、追って書面で連絡することにして、当該相続人が各手続の効果を慎重に、誤解なく理解したうえで選択してもらうようにする。

　なお、意思確認の時点で既に相続放棄をしている者がいる場合、後日の不動産登記その他の手続において、家庭裁判所発行の「**相続放棄申述受理証明書**」が必要となる。同証明書の申請は放棄した本人以外の利害関係人においても可能であるが、申請にあたり、申請書に**相続放棄申述事件の事件番号**を記載する必要があるため、事件番号がわからない場合には、あらかじめ家庭裁判所に相続放棄の申述の有無について照会し、回答を得ておく必要がある。申請・照会の方法と書式については、裁判所のウェブサイトを参照されたい（https://www.courts.go.jp/tokyo-f/saiban/tetuzuki/syosiki03/index.html）。

4　連絡が来ないケース

　相続意思の有無について連絡が欲しい旨の通知文を再度送り、連絡を催促する。通知文には、連絡がない場合、家庭裁判所に調停等の手続を申し立てざるを得なくなることを付記する。これにより、連絡がもらえる場合もある。また、他の相続人から連絡先電話番号を聞くことができれば、こちらから電話をかけることも考えられる。

　それでもなお連絡がつかない場合には、通知文が届いている限りは、**相続意思ありとして**、次の段階に進むことになる。なお、通知文が届かず、返送されてきてしまうような場合については、第5章**1**（158頁）を参照されたい。

3 分割案の提案

相続を希望しない相続人に対して

　相続を希望しない相続人については、遺産分割の当事者とはしつつ、遺産分割協議書の中で、当該相続人がいずれの遺産も相続しないことを確認することでも足りる。しかし、相続意思の確認において、分割案に同意しない可能性のある相続人（E・F）や連絡が取れなくなるかもしれない相続人（c2）の存在がうかがわれ、家庭裁判所での調停等の手続が必要となる可能性があること、当事者を減らすことで、その後の手続をより円滑・迅速に進められるようになることから、相続を希望しない相続人からは、あらかじめ、Xに対し、相続分を無償で譲渡してもらっておくこととした。

　K弁護士は、a1・a2 に対し、改めて相続分の譲渡について説明し、Xに対し無償で相続分を譲渡することへの協力を求める次頁【書式2】記載の「ご連絡」を発送し、同封した【書式3】（80頁）記載の「相続分譲渡証明書」及び【書式4】（81頁）記載の「相続分譲渡確認書」への署名・捺印と印鑑登録証明書とあわせてK弁護士への返送を依頼した。

　なお、K弁護士は、a1・a2 への「ご連絡」の発送に先立ち、司法書士に相続分の譲渡がされた場合の相続登記の必要書類を確認するとともに、金融機関と証券会社に預貯金・有価証券の解約・換価に必要な書類と換価等の手続を確認したうえで、前記「相続分譲渡証明書」「相続分譲渡確認書」の書式を作成した。

ご　連　絡

令和5年5月○日

亡　Y　様代襲相続人

　　　　　　　　様

横浜市中区○○町○丁目○番地

○○ビル○階

K　法律事務所

電　話○○○-○○○-○○○○

FAX○○○-○○○-○○○○

X　代理人

弁護士　　　　K　　　　印

　度々のご連絡、誠に失礼をいたします。

　亡　Y　様（以下「被相続人」といいます。）の妻である　X　（以下「通知人」といいます。）を代理して、被相続人の遺産分割に関しご連絡申し上げます。

　○○様におかれましては、当職作成の本年4月○日付「ご通知」による遺産相続の意思確認に対し、同月○日に当職宛にお電話をいただき、相続の意思はないとのご回答をいただいております。念のため、再度ご意思を確認させていただきます[1]。

　相続の意思がないということでお変わりがない場合には、お電話でもご説明いたしましたが、○○様ご自身で家庭裁判所にて相続放棄の手続をおとりいただくことが可能です[2]。この点、ご了解をいただけるようであれば、通知人に対し、○○様が有する相続分○分の○を無償にて譲渡していただくことにより、家庭裁判所での相続放棄の手続をおとりいただかなくとも、遺産分割に参加する必要はなくなります[3]。なお、相続分の譲渡により、譲渡を受けた通知人の相続分には、○○様から譲渡された○分の○が加算されることに

なります[4]。この点も踏まえて、相続分の譲渡の可否をご検討ください。

　ご検討のうえ、通知人に対し相続分を譲渡していただけます場合には、その後の手続に必要となる添付の「相続分譲渡証明書」（マンションの登記手続用）及び「相続分譲渡確認書」（その他の遺産の処理用）各1通の該当箇所にご住所をご記入いただき、ご署名・ご捺印のうえ、「印鑑登録証明書」2通とともに、当職宛にご返送くださいますようお願い申し上げます[5]（同封いたしました返信用封筒をご利用ください）。ご返送いただきました各書類は遺産分割に関してのみ使用し、それ以外には使用しないことをお約束いたします[6]。

　ご不明な点がございましたら、引き続き、当職宛にご連絡をいただきますようお願い申し上げます。

（添付書類）

　　1　相続分譲渡証明書　　1通

　　2　相続分譲渡確認書　　1通

　　3　返信用封筒　　　　　1通

以上

1　遺産の取得を希望しないことを慎重に確認するため、再度の意思確認を行う。

2　家庭裁判所に対し相続放棄の申述ができることを明確にしておく。

3　1と2を踏まえたうえで、相続分の譲渡を依頼する。

4　相続分の譲渡により譲受人の相続分が増えることを確認しておく。

5　相続分の譲渡に伴い必要となる書類の送付を依頼する。

6　印鑑登録証明書の提出に躊躇を覚える者が少なくないことから、遺産分割に伴い必要となる手続以外には使用しないことを明示する。

相続分譲渡証明書

　令和3年6月2日　Y　（本籍　○○県○○市○○区○○町○番地）の死亡によって開始した相続における代襲相続人である○○○○は、その相続分全部を亡　Y　の妻である共同相続人　X　に譲渡したことを証明します。

　　令和　年　月　日

　　　　　　　　　　（譲渡人）
　　　　　　　　　　住所

　　　　　　　　　　氏名　　　　　　　　　　　　　印
　　　　　　　　　　　　　　　　　　　　　　　（実印)[1]

1　捺印は印鑑登録されている印鑑（いわゆる「実印」）により行い、印鑑登録証明書を添付してもらう。

相続分譲渡確認書

　　令和3年6月2日　Y　（本籍　○○県○○市○○区○○町○番地）の死亡によって開始した相続における代襲相続人である○○○○（譲渡人）と亡　Y　の妻である相続人　X　（譲受人）は、○○○○が　X　に対し、本日、その相続分全部を譲渡したことを確認する。

　　なお、上記相続分の譲渡により、○○○○は　Y　の遺産に関する遺産分割協議並びに家庭裁判所における遺産分割調停及び審判の各手続から排除されることに異議はなく、家庭裁判所の排除決定に対し、不服を申し立てないことを確認する[1]。

　　　　令和　　年　月　日

　　　　　　　　　　　（譲渡人）

　　　　　　　　　　　住所

　　　　　　　　　　　氏名　　　　　　　　　　　　　　　印

　　　　　　　　　　　　　　　　　　　　　　　　　　（実印）[2]

　　　　　　　　　　　（譲受人）[3]

　　　　　　　　　　　住所

　　　　　　　　　　　氏名　　　　　　　　　　　　　　　印

　　　　　　　　　　　　　　　　　　　　　　　　　　（実印）[2]

1　家庭裁判所における調停等の手続が必要となる場合に備え、譲渡人において、手続の当事者から排除されることに異議がないことを確認しておく。

2　捺印は印鑑登録されている印鑑（いわゆる「実印」）により行い、譲渡人から印鑑登録証明書の交付を受ける。

3　相続分譲渡の当事者間において譲渡の事実を確認することから、譲受人の署名・捺印も必要となる。

相続を希望する相続人に対して

　K弁護士は、Xからあらかじめ了解を得ていた【ステップ3】方針の決定③（53頁）記載の各相続人の取得額に相当する現金を、相続を希望する相続人それぞれに支払い、遺産自体はその全てをXが取得する内容での遺産分割を提案することとし、相続を希望する相続人全員に対し、【書式5】（次頁）記載の「ご提案」を発送して、分割案への回答を依頼した。

　「ご提案」には不動産の評価額（不動産業者の査定額）を記載した「遺産目録」を添付し、遺産総額4500万円から、マンションの持分について共有持分の処分の困難性を踏まえた100万円の減額、Yの葬儀に要した費用100万円の精算及び相続人間を調整して遺産分割を成立させ、成立後は預貯金等の解約・払戻を行い、他の相続人に現金を分配する手間をXが負い、そのために弁護士に依頼していることを考慮した100万円の控除をお願いし、控除後の4200万円を分割対象とした。そのうえで、同金額に法定相続分を乗じた金額を分配額とする旨の説明を「ご提案」に記載した。

　また、支払は相続人全員の同意を得ることができ、必要な書面の取付を完了し、Xにおいて預貯金等の解約・払戻が完了した後となり、同意しない相続人が1名でもいる場合には、遺産分割協議は成立せず、家庭裁判所における遺産分割調停等の手続が必要となり、解決までには期間を要することになることを説明しておくこととした。

ご　提　案

令和5年5月○日

亡　Y　様相続人[1]

　　　　　　　　様

　　　　　　　　　　横浜市中区○○町○丁目○番地
　　　　　　　　　　○○ビル○階
　　　　　　　　　　K　法律事務所
　　　　　　　　　　電　話○○○‐○○○‐○○○○
　　　　　　　　　　FAX○○○‐○○○‐○○○○
　　　　　　　　　　X　代理人
　　　　　　　　　　弁護士　　　　K　　　　印

　度々のご連絡、誠に失礼をいたします。

　亡　Y　様（以下「被相続人」といいます。）の妻である　X　（以下「通知人」といいます。）を代理して、被相続人の遺産分割に関しご連絡申し上げます。

　○○様におかれましては、当職作成の令和5年4月○日付「ご通知」による相続の意思確認に対し、同年4月○日に当職宛にお電話をいただき、相続を希望されるとのことでしたので、以下のとおり遺産の分割案をご提案いたします。

1　提案の基本的な内容[2]

　被相続人の遺産は、通知人において承知しております限りで、別紙「遺産目録」[3]（省略）記載のとおりとなります。通知人といたしましては、相続を希望される皆様に遺産を分配するため、**全ての遺産を通知人が取得したうえで、通知人において預貯金及び有価証券を解約・換価し、払戻・換価された金銭を、相続を希望される皆様が取得する遺産の価額に応じてお支払する方法をとりたいと考えております。**

2 基礎となる遺産の価額

　相続を希望される皆様が取得する遺産の価額については、遺産の総額に皆様各自の相続分を乗じることにより算出させていただくことになります。遺産の評価額については別紙「遺産目録」[3]（省略）記載のとおりで、その総額は4500万円と評価いたしました。

　なお、マンションの共有持分の価額は添付いたしました不動産業者2社による同マンション居室の査定額の平均額である2000万円に共有持分2分の1を乗じ、1000万円と評価いたしましたが、①共有持分のままでの処分が困難であることから、少なくともその10％である金100万円を減額していただきたく存じます。また、②被相続人の葬儀費用として通知人が100万円を負担しております（添付の葬儀費用明細書と領収書の各写し参照）ので、同葬儀費用を被相続人の遺産から精算させていただきますようお願いいたします。加えて、③通知人におきましては、相続人間の調整を行って遺産分割を成立させ、成立後は預貯金・有価証券の解約・換価を行い、相続を希望される皆様が取得する遺産額を皆様に分配するため、費用を負担して当職らに依頼し、これらの事務の処理にあたっています。この点もご考慮いただけますと幸いです[4]。

3 お支払する遺産額とお支払の時期

　上記①から③を踏まえ、**相続を希望される皆様が取得する遺産の価額については、遺産総額4500万円から300万円を控除した4200万円に、皆様各自の相続分を乗じた金額とさせていただくことをご提案申し上げます。**○○様の相続分及び提案させていただく取得額は後記をご確認ください[5]。

　取得する遺産額のお支払は、相続を希望される相続人全員の同意が得られ、遺産分割が成立したうえで、**通知人において預貯金・有価証券の解約・換価を終えた後**となります。ご同意いただけない相続人がいらした場合には、遺産分割は成立せず、お支払できないことになります[6]。

4 ご回答のご依頼

　　本提案に対しましては、ご意見等おありかとは存じますが、<u>本提案にご同意いただけるか否かについて、本年6月○日までに当職宛にご連絡をいただきますようお願い申し上げます</u>[7]。相続人全員のご同意がいただけました場合には、改めてご提出いただく書類等をご案内させていただきます[8]。

　　ご同意いただけない相続人がいらした場合には、遺憾ではございますが、家庭裁判所に調停の申立をさせていただき、同裁判所での調停手続において引き続きご協議させていただければと存じます[9]。

記

貴殿の法定相続分	○分の○
貴殿の取得額	○○万○○○○円

（添付資料）

1　不動産業者の査定書写し　　　　　　2通[10]

2　葬儀費用の明細書及び領収証の各写し　各1通

以上

1　代襲相続人の場合は「代襲相続人」、二次相続の相続人は「相続人亡○○○○相続人」といったように表記する。

2　通知人が全ての遺産を取得し、他の相続人に代償金を支払う代償分割の方法によることを明らかにする。

3　不動産の評価額を記入した遺産目録を改めて「別紙」とした。

4　遺産の評価額から控除等を希望するものをあげた。

5　具体的な代償金額を提示する。

6　代償金の支払時期と遺産分割が不成立となった場合の取扱いについて述べた。

7　同意の可否についての回答を依頼する。

8　必要書類は相続人全員の同意を得たうえで改めて案内することとする。

9　不同意の場合の調停申立の予告。

10　不動産の評価額の根拠資料。

1　相続を希望しない者に対して

①　相続しないことを確定させておく必要性

　相続意思の確認（本章**1**（60頁）参照）に対し相続を希望しなかった相続人については、相続を希望する相続人との間で遺産分割に関する合意に達した後に、作成する**遺産分割協議書等**の中で、遺産を取得しないことを確認することでも足りる。しかしながら、相続を希望する相続人との協議がまとまらず、家庭裁判所における調停等の手続が必要となることがあり、その場合、相続人が多数となると、相続を希望しない者の出席を確保できないことにより**調停成立の支障**となったり、申立書に添付する資料の通数や裁判所に納付する切手が多数・多額になったりし、1回の期日に要する時間も長くなりがちである。このような**当事者及び裁判所の負担を軽減**し、迅速かつ円滑な解決を可能にするため、相続を希望しない相続人を遺産分割から除外できるよう、相続しないことをあらかじめ法的に確定しておくことが望ましい。これにより、協議により遺産分割が成立する場合でも、相続を希望する相続人との間でのみ遺産分割協議書等を取り交わせば足りることになる。

②　相続しないことを確定させる方法

　相続を希望しない相続人について、相続しないことを法的に確定させる方法としては、同人において家庭裁判所に**相続放棄の申述**をする（民法938条）ことが最も端的である。これにより、放棄した者は初めから相続人にならなかったことになり（民法939条）、**被相続人の債務**を負担することもなくなる。

　しかしながら、家庭裁判所に対する申述という手間がかかることから、相続を希望しない者がこれを怠ることもあり、**熟慮期間**である3か月（民法915条1項本文）を経過し、相続放棄ができなくなる場合もある。そこで、相続を希望しない者の手間をできる限りはぶき、相続しないことを確定させるため、相続を希望する相続人が、相続を希望しない相続人から、その**相続分の譲渡**を受けることにより、相続分を譲渡した相続人が相続しないことを法的に確定させ、遺産分割から除外するという方法

をとることが考えられる。

　ただし、相続分の譲渡では、譲渡した相続人は譲渡したのみでは当然には被相続人の債務を免れることにはならない。被相続人に多額の債務があるような場合には、相続を希望しない相続人において、同債務について法定相続分の限りで負担を負う可能性がないとはいえないことを承知したうえで譲渡させるべきであり、同人が債務の負担に懸念を有する場合には、相続放棄によらせることが適当と考える。

　なお、相続分の譲渡により、譲渡された相続分は、譲り受けた相続人が取得することから、相続を希望しない相続人が特定の相続人の相続分のみを増加させることに抵抗がある場合には、無理に相続分の譲渡を求めるべきではない。その場合、同人の相続分が他の相続人に、その**相続分に応じて配分**される「**相続分の放棄**」によることが考えられる。

　いずれにしても、無理な相続分の譲渡は後日に紛争を残すことになり、相続を希望しない相続人に不信感を抱かれ、必要な書類の提出といったその後の手続への協力が得られなくなり、遺産分割の解決をかえって困難にさせることになりかねない。相続を希望しない者の理解を得られるよう、慎重で丁寧な説明が求められる。

③　相続分の譲渡に問題のあるケース

ア　相続分の譲渡と登記手続

　相続人全員が参加して遺産分割を成立させた場合には、あらかじめ相続分による共有登記を経ていたときではない限り、基本的には、被相続人から遺産中の不動産を取得した相続人に対し、**相続を原因**として、**直接**、所有権移転登記をすることができる。この点、【補足解説⑤】（192頁）において解説するとおり、相続分の譲渡のみにより特定の相続人が遺産を取得する場合や、遺産分割に先立ち相続分の譲渡がされたような場合には、本来的には、いったん相続人全員の共有登記を経たうえで、相続分の譲渡について個別に持分の移転登記を行うことになる。その場合、被相続人から相続人に直接に移転登記する場合に比べ、申請する登記の件数が増えるため、**登録免許税といった登記費用が高額となる**。

　この点、配偶者と子や配偶者と兄弟姉妹といった**相続人間で相続分の**

譲渡がされた場合には、相続分の譲渡により、また、相続分の譲渡後の遺産分割により遺産中の不動産を取得した相続人に対し、被相続人から直接に移転登記が可能とされている。これに対し、被相続人の死亡後に相続人が死亡して二次相続が開始されている場合、被相続人の相続人と**二次相続の相続人との間での相続分の譲渡**については、本来のとおり共有登記を経たうえで持分移転登記を行わなければならないことがある。

イ　相続分の譲渡の課税関係

【補足解説⑥】（198 頁）において解説するとおり、**相続人間で相続分の譲渡がされた場合**には、相続税課税の可能性はあるとしても、相続分の譲渡自体について贈与税や譲渡所得税が課税されることはないとされる。これに対し、相続人以外の**第三者との間で相続分の譲渡がされた場合**には、譲渡人について**譲渡所得税**（譲渡が有償の場合）が、譲受人について**贈与税**（譲渡が無償の場合）が課税される場合がある。相続人と**二次相続の相続人との間の場合**、二次相続の相続人は被相続人の相続人ではなく、相続人の相続分を同相続人から相続により取得した者であり、被相続人の相続に関しては第三者となるため、第三者との間での相続分の譲渡と同様に取り扱われる可能性がある。

ウ　二次相続の相続人との間の相続分の譲渡

　以上から、二次相続の相続人からの、ないしは二次相続の相続人への相続分の譲渡については、譲渡を行わずに遺産分割をした場合に比べ、**登記費用**と**課税**の点で、譲渡当事者に負担が生じる可能性がある。二次相続の相続人との間の相続分の譲渡であっても、被相続人から直接移転登記ができるとされている場合がある（【補足解説⑤】（192 頁））が、認められる場合と認められない場合の線引きが実務上必ずしも明確ではなく、仮に直接の移転登記が認められる場合であっても、課税関係の問題は残る。二次相続の相続人との間の相続分の譲渡には慎重であるべきで、二次相続の相続人を遺産分割から除外すべき特段の理由がない限りは、遺産分割に参加させたうえで、遺産分割協議書等の中で遺産を取得しないことを確認することが無難といえる。

　特段の理由があり、二次相続人との間で相続分の譲渡の方法を採用する場合には、相続分の譲渡に先立ち、司法書士ないしは法務局、税理士

ないしは税務署に問い合わせて、想定外の登記費用や課税の負担がないかを確認しておくべきである。また、相続分の譲渡により登記費用が重くなったり、贈与税が課税されたりする可能性があることを十分に説明し、**依頼者の了解**を得たうえで行わなければならないことは当然である。なお、**有償譲渡の場合**は、譲渡人となる二次相続の相続人に譲渡所得税課税の可能性を説明し、了解をとったうえで行うべきである。

④ 相続分の譲渡を受ける場合

　相続を希望しない相続人から相続分の譲渡を受ける場合、遺産分割が成立した場合の登記手続や預貯金の払戻等のため、相続分の譲渡を証明する書面を取り付けておく必要がある。不動産登記手続における添付資料としては、**譲渡人の署名・捺印のみ**の【書式3】（80頁）記載の「相続分譲渡証明書」と**印鑑登録証明書**を受領しておけば足りるが、相続分の譲渡が、法的には、譲渡人と譲受人の間の合意により成立することから、預貯金の解約・払戻等にあたって、金融機関から、**譲渡人と譲受人双方の署名・捺印のある**書面（【書式4】（81頁）記載の「相続分譲渡確認書」参照）と**双方の印鑑登録証明書**の提出を求められることがある。あらかじめ金融機関に必要となる書面について確認したうえで、後日の手続において問題とならないよう、取り付ける書面を選択しなければならない。懸念が残る場合には、当事者双方の署名・捺印のある書面を取り付けておくことが無難である。

　なお、遺産分割成立後の各種手続を**同時並行**で進められるよう、可能であれば、不動産登記手続用に前記「相続分譲渡証明書」を取り付けるとともに、預貯金の払戻等のため、当事者双方の署名・捺印のある書面「相続分譲渡確認書」も取り付けておけるとよい。

2　相続を希望する者に対して

① 分割案の提示

　相続を希望する相続人が確定できた場合には、これらの相続人に対し、改めて遺産の内容とその評価額、個々の相続人が取得できる遺産の額を

示したうえで、どのように遺産の分割を行うのかを具体的に提案し、**同提案に対する諾否を確認**することになる。

　相続人が多数の場合、配偶者以外の相続人の相続分は少ないことが通常で、遺産分割に対する関心が低いことも少なくない。そのため、これらの相続人による遺産分割成立後の払戻・換価等は期待できない場合が多く、遺産分割を主導的に進めている相続人が遺産の全てないしは大部分を取得し、同相続人が他の相続人に対し**代償金**を支払うという**代償分割**の方法がとられることが多い。遺産分割を主導する相続人は払戻・換価等及び代償金支払の負担を負うことにはなるが、迅速かつ円滑な分割のため、受忍せざるを得ないであろう。

　他方で、不動産の換価を予定ないしは容認している場合で、不動産の評価額に争いがあり、それが理由で相続人全員の合意にいたらないようなときは、当該不動産を**相続人の共有**とし、換価したうえで、換価により得られた金銭を各相続人が分割取得する**換価分割**によることが妥当な場合もある。

　換価には不動産を共有することになった**相続人全員の署名・捺印**、印鑑登録証明書の交付等が必要となるため、換価に他の相続人の協力が得られるかどうかを慎重に見極める必要がある。換価分割による場合には、遺産分割協議書等の中に、相続人中の誰が**換価を主導**するか、換価にあたっての**目標額と最低額**、**換価の期限**、相続人への分配に先立ち**換価代金から控除すべき費用**等を明記しておくことが不可欠である。

　遺産分割成立後の協力に不安がある場合には、遺産分割に先立ち、**先行して換価**することとその条件について遺産分割に参加する相続人で合意したうえで、遺産分割の成立前に換価を先行させることの可否を検討する。

② 代償金額の算定方法

　代償分割の場合における代償金の額は、相続人間で合意すれば、必ずしも各相続人の相続分のとおりでなくても構わないが、通常は、遺産の評価額の総額に各相続人の相続分を乗じた金額とすることになる。

　遺産分割の対象となる遺産とその評価方法は、第２章**1**３（33頁）に

おいて述べたとおりであるが、相続人が合意する限りは、本来であれば遺産分割の対象とはならない**分割前に払い戻された預貯金**や**相続開始後の賃料収入**等を分割対象とし、被相続人の**金銭債務**、相続開始後の固定資産税といった**遺産の管理費用**及び**葬儀費用**等の精算を遺産分割の中で行うことも可能である。また、**共有不動産の評価**にあたり、遺産分割に参加する他の相続人全員が同意すれば、共有持分であることによる評価額の減額も可能である。

なお、代償分割の方法によったうえで、取得した不動産を換価して代償金にあてるような場合には、不動産を取得し、換価した相続人に**譲渡所得税**が課税される場合がある。このような場合、実質的には換価分割と変わらないことから、換価に要する費用とともに、換価により負担することになる譲渡所得税相当額を換価額から控除した金額をもとに代償金を計算することが公平・妥当な場合がある。遺産分割に先立ち、税理士に譲渡所得税の**課税の有無**と**課税見込み額**を問い合わせ、課税される場合には、課税見込み額を考慮して代償金額を算定するべきである。

以上に対し、遺産分割の対象となる遺産は、あくまでも、原則として**相続開始時に存在し、かつ、分割時にも存在している未分割の遺産**であるから、調停等の裁判所における手続では、上記各事項は当然には考慮されない。法的に当然には認められない主張である以上、他の相続人の同意が得られる見込みがないことが明らかな場合には、主張を控えることも、迅速かつ円滑な遺産分割にとって重要である。

③ 代償金の支払時期

代償分割により遺産分割が成立した場合、代償金の支払を受ける相続人としては、できる限り早期の支払を希望することが一般的である。遺産中に代償金支払に十分な現金がある場合や遺産を取得した相続人が自己資金で代償金を支払えるような場合には、できる限り早期に代償金の支払を行うべきである。他方で、代償金の**支払原資**を得るため、先行して、取得した預貯金の解約・払戻等、遺産の換価を要する場合には、換価完了後に支払う旨を遺産分割協議書に明記しておかなければならない。

なお、提案時点では遺産分割協議の成立は未確定であることから、遺産分割案の提示にあたっては、1名でも分割に同意しない相続人がいると遺産分割協議は決裂し、早期の遺産分割は困難となり、代償金を支払うこともできないことを明確にしておくべきである。

④　調停等の手続の予告

　協議が決裂した場合、家庭裁判所に対して遺産分割調停等の手続を申し立てざるを得なくなることから、その旨を予告し、家庭裁判所への出頭等の負担が生じる可能性を知らせておくことで、提案を受けた相続人において、提案内容に同意するか否かを判断するにあたり、**手続に要する時間と手間**を考慮に入れることができるようになる。

⑤　回答依頼

　分割案の提示にあたっては、分割案に同意するか否かを回答してもらうように依頼しておくことを忘れてはいけない。**回答期限を設定**することにより、失念・放置されることを一定程度防ぐことができる。

⑥　提案にあたっての注意

　提案内容はできるだけ具体的で、わかりやすいものであるよう心掛けたい。相続人の全てが理解でき、関心の低い相続人においても同意するか否かを判断できるよう、内容はもちろん、表現も整理しておくべきである。特に、**代償金**等、相続人が実際に受け取れる遺産ないしは遺産額は、**具体的に明示**しておくようにする。なお、相続人から問い合わせがあった場合には、提案内容について丁寧に説明するように努めることは当然のことである。

4 遺産分割協議の成立

ステップ7 …… 協議の成立

相続を希望しない相続人からの書類の取付

【書式2】（78頁）記載の「ご連絡」の発送後しばらくして、a1・a2 それぞれから、K弁護士の法律事務所に、署名・捺印のされた「相続分譲渡証明書」（【書式3】（80頁）参照）「相続分譲渡確認書」（【書式4】（81頁）参照）と印鑑登録証明書が郵送されてきた。

相続を希望する相続人からの分割案への回答

【書式5】（83頁）記載の「ご提案」の発送後すぐに、Bの娘・c1・d1 から連絡があった。

　Bの娘によれば、Bは分割案のとおりでよいとのことで、横にBがいるので電話をかわるとのことであった。かわってもらい、フルネーム・生年月日・親族関係等について質問することで本人確認を行い、遺産分割に関する意思確認をしたところ、B自身も分割案のとおり 105 万円の支払を受けることで構わないとのことであった。

　c1 についても、分割案のとおり 105 万円の支払を受けることで構わないとのことであった。

　d1 についても、分割案のとおり 210 万円の支払を受けることで構わないとのことであった。

　c2 からは連絡がなかったが、K弁護士から電話したところ、分割案に同意するとのことであった。

　Eからも連絡がなかったことから、同意は得られないかと思いつつ、K弁護士がEに電話をしたところ、分割案の 210 万円の支払を受けることで遺産分割を成立させることに同意するとのことであった。

残るＦについては、「ご提案」発送後まもなくして、Ｋ弁護士に電話があった。

　Ｋ弁護士とＦとのやり取りは以下のとおりであった。

前にも言ったとおり、20分の１では納得できない。少なくとも500万円はもらいたい。Ｘはたくさんもらうのだろうから、Ｘの分を自分にまわしてくれ。

お考えはわかりましたが、法定相続分からいって、500万円といった金額には到底応じることができません。残念ですが、家庭裁判所での調停等の手続によることにさせていただきます。
調停等の手続では、提案した210万円よりは支払額が増額されるかもしれませんが、500万円という金額になるとは思えません。

調停なら調停でもいいと思っている。
ところで、調停になった場合、どのくらい金額はあがるのか？
解決までの時間はどのくらいかかるのか？

当職はＸの代理人であり、万が一、間違った説明をして、誤解を与えてもいけないので、ご自身で弁護士に相談して、確認することをお勧めします。
一般的には、調停等で、いくらかは増額されるかもしれません。時間は、当事者がどの程度争うかによりますが、少なくとも半年程度はかかるのではないかと思われます。１年以上かかるケースもあります。

　以上のようなやり取りがあり、Ｋ弁護士としては、協議による解決は困難かと思い、Ｘにその旨報告し、家庭裁判所への調停申立を

準備していたところ、しばらくして、FからK弁護士に電話があった。

F

調停は申し立てたのか？
300万円支払ってもらえれば遺産分割に応じてもよいがどうか？

調停の準備は進めており、準備ができ次第申し立てます。
金額を再検討いただいたのはありがたいですが、他の相続人との公平を害することになるので、増額には応じられません。
F様におかれても、納得せずに同意するよりも、調停手続の中でご主張を十分にされて、そのうえで解決されたほうがよいのではないかと思います。

K弁護士

F

時間はかけたくない。調停をやっても300万円になる保証もないから、調停はしたくない。提案通り210万円でいいので、できるだけ早く支払ってもらいたい。

　Fの同意も得られたことにより、相続を希望する相続人全員の同意を得ることができた。各相続人には、遺産分割成立後の手続（不動産登記手続・預貯金の解約払戻等）のために、遺産分割協議の成立を明らかにする書面を作成する必要があることを伝え、追って同書面を送るので、印鑑登録証明書をご準備いただき、一緒に返送して欲しい旨を伝えた。

遺産分割協議書等の取付

　遺産分割に参加すべき相続人全員の同意が得られたことから、通常であれば、1通の書面に相続人全員が署名・捺印した遺産分割協議書を作成することになるが、相続人が多いことから、協議書を各相続人の間で持ち回ることで署名・捺印を得ることには支障がある

ため、各相続人から、個々に、遺産分割の内容が記載された全当事者同一内容の「遺産分割同意書」（【書式6】次頁参照）を取り付けることとした。

　K弁護士は、相続を希望する相続人全員に対し、「遺産分割同意書」及び【書式7】（99頁）記載の「代償金に関する合意書」を発送し、署名・捺印（実印による）のうえ、印鑑登録証明書とともに返送するよう依頼した。

「遺産分割同意書」は、相続を希望しない相続人の相続分をXが譲り受けたことを前提に、相続を希望する相続人のみを遺産分割の当事者として、遺産分割を成立させたことを確認する内容となっている。「代償金に関する合意書」は各相続人が取得する代償金額をXと遺産分割の当事者となる各相続人との間で個別に取り交わすものとし、これにより「遺産分割同意書」に各相続人が支払を受ける代償金額を記載しない扱いとした。

　c2を除き、相続を希望する相続人からは「遺産分割同意書」「代償金に関する合意書」と印鑑登録証明書がK弁護士宛に返送されてきた。c2については、K弁護士が複数回にわたって催促の電話を入れ、ようやく各書面を取り付けることができた。

遺産分割協議の成立

　以上により、Yの遺産についての分割協議が成立した。

　引き続き、Xが相続したマンションについての相続登記、預貯金・株式等の解約・換価等の手続を行うことになる。また、Xは、遺産分割に参加した各相続人に対し、速やかに代償金を支払わなければならない。この点については、【ステップ8】遺産分割後の処理（186頁）へ続く。

遺産分割同意書

　被相続人Y（令和3年6月2日死亡　本籍：横浜市○○区○○町
○丁目○番地）（以下「被相続人」という。）の相続人○○○○は、
被相続人の遺産を次のとおり分割することに同意する。

1　　被相続人の相続人がX、a1（代襲相続人）、a2（代襲相続人）、B、
　c1（代襲相続人）、c2（代襲相続人）、D（令和4年2月1日死亡）、
　E及びFの9名のみであり、Dの死亡により同人の相続分をd1（二
　次相続の相続人）が取得したことを認める[1]。

2　　a1及びa2がそれぞれの相続分全部をXに譲渡し、同人がこれ
　らを譲り受けたことを認める[2]。

3　　別紙遺産目録[3]（省略）記載の各財産が被相続人の遺産である
　ことを認める[4]。

4　　別紙遺産目録[3]（省略）記載の各財産はXが全て取得する[5]。

5　　Xは、別紙遺産目録[3]（省略）記載××の預金の解約・払戻手
　続を行い、B、c1、c2、d1、E及びFに対し、同解約・払戻手続
　の完了後1か月以内に[6]、代償金として、相続分に基づき算定し、
　同人らとXが別途個別に合意した金額[7]をそれぞれ支払う[5]。

6　　B、c1、c2、d1、E及びFは、Xに対し、印鑑登録証明書を交
　付し、被相続人の遺産の名義変更、解約・払戻及び換価の各手続
　に協力する[8]。

7　　本同意後、別紙遺産目録[3]（省略）記載の各財産以外の被相続
　人の遺産が判明した場合には、X、B、c1、c2、d1、E及びFは、
　その取扱いを改めて協議する[9]。

8　　X、B、c1、c2、d1、E及びFの全員が本同意をすることによ
　り遺産分割協議が成立し、被相続人の遺産分割が解決したことを
　認める[10]。

　本同意及び被相続人の遺産分割協議の成立の証として、本同意書
1通を作成し、Xがこれを保有する。

```
　　令和　年　月　日
　　　　　　　　（譲渡人）
　　　　　　　　住所


　　　　　　　　氏名　　　　　　　　　　　　印
　　　　　　　　　　　　　　　　　　　　（実印）11
```

1　相続人（代襲相続人を含む）を確認したうえで、被相続人の相続開始後に死亡した相続人の相続分を取得し、遺産分割に参加することになった者を確認する。

2　相続分の譲渡が行われたことを確認する。

3　【ステップ3】方針の決定［遺産目録（令和5年3月31日時点：確定）］（51頁）を元に遺産目録を作成するが、分割後の不動産登記手続、預貯金の解約・払戻及び有価証券の換価のため、不動産については登記事項証明書の各項目及び各記載内容、預貯金については金融機関・支店・預貯金の種類・口座番号、有価証券については銘柄及び株式数・口数等により遺産を特定できるように記載する。

4　遺産分割の対象となる遺産の範囲を確認する。

5　代償分割によることの記載例である。

6　代償金の支払時期の記載である。

7　代償金額について各相続人と別途合意することとした。他の相続人に誤解を与えないよう「相続分に基づき算定し」た金額であることを明記した。

8　遺産分割成立後の手続のため印鑑登録証明書の提出等を約束させる。

9　別途遺産が判明した場合の取扱いに関する規定である。

10　遺産分割に参加する者全員の個別の同意により遺産分割が成立することを確認する。

11　捺印は実印による。

代償金に関する合意書

　Xと○○は、本日、被相続人Y（以下「被相続人」という。）の遺産分割における代償金について、次のとおり合意する。

1　Xは、○○に対し、被相続人の遺産全てをXが取得する内容の遺産分割協議が有効に成立することを条件として[1]、代償金として金○○万円の支払義務があることを認める[2]。

2　Xは、○○に対し、Xによる被相続人名義の○○銀行○○支店の定期預金口座（口座番号○○○○○○）の解約・払戻手続が完了した日から1か月以内に[3]、前項の代償金を○○が指定する次の口座宛振込の方法により支払う。ただし、振込手数料はXの負担とする[4]。

　　（指定口座の表示）[5]

　　（省略）

3　被相続人の遺産分割協議が成立しなかったときまたは無効となったときは、Xは第1項の支払義務を負わないこととする[1]。

4　Xと○○は、X○○間には、被相続人の遺産分割における代償金に関し、本合意書に定めるほかには何らの債権債務がないことを確認する[6]。

　　本合意成立の証として本合意書2通を作成し、甲乙各1通を保有する。

　　令和　年　月　日

　　　　　　　　（×代理人）横浜市中区○○町○丁目○番地

　　　　　　　　　　　　　　○○ビル○階

　　　　　　　　　　　　　　K　法律事務所

　　　　　　　　　　　　　　弁護士　　　　K　　　　　　　印

　　　　　　　（○○）住所

　　　　　　　　　　　　　　氏名　　　　　　　　　　　　印[7]

1 代償金の支払は遺産分割協議が成立することを条件とし、不成立に終わった場合は支払
　義務を負わないことを明確にしておく。

2 代償金額とその支払義務を確認する。

3 代償金の支払期限に関する定めである。

4 振込手数料の負担に関する規定である。

5 振込先口座は金融機関・支店名、口座の種類、口座番号及び口座名義人により特定する。

6 清算条項である。「被相続人の遺産分割における代償金に関し」との限定を入れず、一
　切の債権債務なしとすることも考えられる。

7 実印によるべきである。

1　取り付ける書類

　遺産分割案に相続人全員の同意を得ることができ、遺産分割協議が成立した場合、遺産分割の成立と分割内容を明確にし、不動産登記や預貯金の解約・払戻等の手続のため、遺産分割協議の成立を明らかにする書面を作成する必要がある。**相続分を有する者全員が署名・捺印する「遺産分割協議書」**を作成することが一般的であるが、相続人が多数で相続人が一堂に会することが困難である場合には、1通の協議書を郵送等により持ち回り、全員の署名・捺印を取り付けていく必要があるが、大変な手間と時間を要する。さらに、何人かの署名・捺印を得た協議書が、途中で紛失等されてしまうといった危険もある。そこで、相続分を有する者全員から、【書式6】（97頁）記載の「遺産分割同意書」を**個別に取り付ける**ことで、「遺産分割協議書」に代えることが考えられる。

　不動産登記の申請にあたっては、相続分の譲渡がされている場合には、「遺産分割同意書」に加え、「相続分譲渡証明書」（【書式3】（80頁）参照）ないしは「相続分譲渡確認書」（【書式4】（81頁）参照）が必要であり、相続放棄がされている場合には**「相続放棄申述受理証明書」**が必要となる。事前に法務局ないしは司法書士に各書面の内容を確認しておくようにしたい。また、金融機関等ないしはその担当者においては、「遺産分割協議書」でなければ解約・払戻等に応じられないとの態度を示すことがある。協議書と同意書とで法的に変わるところがないことを説明し、理解を得られることが通常であるが、かたくなに協議書を要求する金融機関等（ないしは担当者）もあるため、事前に金融機関等に必要書類を確認しておくべきである。なお、相続分の譲渡について、譲渡人のみが署名・捺印した書面では解約等に応じず、譲渡当事者双方が署名・捺印した書面を要求する金融機関等があるので、注意が必要である。

　金融機関等の納得を得るよう努めることが正しい対応であるが、そのために解約・払戻等に時間を費やすのであれば、相続人全員の署名・捺印のある「遺産分割協議書」（【書式8】（105頁）参照）及び譲渡当事者双方の署名・捺印のある相続分譲渡を証する書面を取り交わすほうが容易かつ早期に処理できる場合もある。

なお、当事者全員による「遺産分割協議書」、当事者個々による「遺産分割同意書」のいずれについても、捺印は印鑑登録された印（いわゆる「**実印**」）により、**印鑑登録証明書**の交付を受けておかなければならない。

2　遺産分割を証する書面の内容

　【書式6】（97頁）及び【書式8】（105頁）に注記したとおり、相続人（代襲相続人を含む）を確認したうえで、二次相続及び相続分譲渡の事実を確認し、遺産分割協議に参加する者を確認しておく。また、遺産目録を使用するなどして、分割対象となる遺産を特定し、確認しておく。

　そのうえで、遺産分割方法を定める。本章**3** 2①（89頁）において述べたとおり、多数の相続人・疎遠な相続人がいる場合は**代償分割**によることが多く、遺産の全部または大部分を一部の相続人が取得し、他の者に対して**代償金**を支払う方法となる。代償金の額については、「遺産分割協議書」ないしは「遺産分割同意書」の中で定めておくことが一般的であるが、相続人が多数で、それぞれの相続分が異なり、受け取る代償金額に差異があるような場合には、代償金額の多寡で無用な誤解やトラブルを生じさせないため、代償金額の記載を省略し、別途、個別に「代償金に関する合意書」（【書式7】（99頁）参照）を取り交わすことが考えられる。その場合、代償金の支払は代償分割の重要な要素であるので、「遺産分割協議書」等のなかで代償金の支払を要すること自体は明記しておかなければならない。

　なお、代償金の支払は遺産分割協議が有効に成立することを条件とし、不成立に終わった場合には支払義務を負わないことを明確にしておく。また、遺産分割に参加した者から、後日、他の者の代償金額が予想していたよりも高額であり、遺産分割への同意には錯誤等の瑕疵があるといった主張がされないよう、「相続分に基づき算定した金額」といった**代償金の算定方法**を「遺産分割協議書」等の中に明記しておく。協議時において、他の相続人の代償金額を問題とする者がいたときは、全員の代償金額を「遺産分割協議書」等に明記しておくことが無難である。

その他、**代償金の支払時期**及び**他に遺産が発見された場合の取扱い**等についても規定しておくべきである。

3　換価分割による場合

代償分割により遺産を取得する者が、不動産の売却その他の遺産の換価を予定している場合で、代償金算定の基礎となる**遺産の評価額に争いがあり**、それが理由で遺産分割への同意が得られないようなときは、争いのある遺産については遺産分割に参加する者の共有とし、同遺産を換価し、換価して得た金銭を共有持分に応じて分割取得する**換価分割**の方法によることを検討することになる。

遺産分割後に売買代金額で折り合いがつかないとか、売買に関する書類への捺印等に協力が得られないとかといったことがないよう、換価に協力が得られるかどうかを慎重に見極める必要がある。**誰が換価を主導するか**、換価にあたっての**最低額**、換価の**期限**、同期限までに**換価できなかった場合の取扱い**、相続人への分配に先立ち**換価額から控除すべき諸費用**等について合意し、「遺産分割協議書」等の中に明記しおくことが不可欠である。それでもなお、協力に不安が残る場合には、遺産分割の成立に先立って、当該遺産を**あらかじめ換価**しておくこととして、そのための条件、換価代金の保管者等について合意したうえで、換価を先行させるといった方法を検討する。そのような方法もとれない場合には、換価分割は避けるべきであろう。

4　全員から相続分の譲渡を受ける方法による遺産の取得

相続を希望する相続人との間で遺産分割協議を成立させるという方法ではなく、相続人（代襲相続人・二次相続の相続人を含む）全員から相続分の譲渡を受けることによっても、遺産を取得することができ、遺産分割協議による場合と同様の結果を実現できる。

この点、本章 **3** 1 ③（87頁）で述べたとおり、相続分の譲渡の当事者が**いずれも被相続人の相続人**（代襲相続人を含む）であれば、全ての相

続分を相続人の一人に集中させることで、被相続人から当該相続人に対して、**直接**、相続を原因とする所有権移転登記が可能であるが、譲渡の当事者に相続人ではない者や**二次相続の相続人**が含まれる場合、相続分の譲渡の経過を登記上も明らかにしなければならなくなり、被相続人から直接に移転登記をすることができない場合がある（【補足解説⑤】（192頁）参照）。その場合、相続人間で遺産分割ないしは全ての相続分の譲渡がされた場合よりも、**登記費用**が高額になりうる。また、譲渡人に**譲渡所得税**が（有償譲渡の場合）、譲受人に**贈与税**（無償譲渡の場合）が課税される場合もある（【補足解説⑥】（198頁）参照）。

遺産分割の当事者に全くの第三者や二次相続の相続人が含まれる場合には、登記費用の負担や相続税以外の課税といった問題が生じるため、慎重な検討が必要となる。あらかじめ法務局ないしは司法書士、税務署ないしは税理士に問い合わせ、リスクを十分に認識したうえで、遺産取得の方法を選択する必要がある。

5　遺産分割協議成立後の処理

遺産分割協議が成立した場合、相続した不動産の**登記申請、預貯金・株式等の解約・換価**等の手続を行うことになる。また、**代償金の支払**はできる限り速やかに行わなければならない。

遺産分割が成立した後の処理と具体的な注意点については、【ステップ8】遺産分割後の処理（186頁）を参照されたい。

遺産分割協議書

　被相続人Y（令和3年6月2日死亡　本籍：横浜市○○区○○町○丁目○番地）（以下「被相続人」という。）の相続人ないしは相続人から相続分を取得した者であるX、B、c1、c2、d1、E及びFの7名（以下、これら7名を一括して「相続人ら」という。）は、協議のうえ、本日、被相続人の遺産を次のとおり分割することに合意した。

1　相続人らは、被相続人の相続人がX、a1（代襲相続人）、a2（代襲相続人）、B、c1（代襲相続人）、c2（代襲相続人）、D（令和4年2月1日死亡）、E及びFの9名のみであり、Dの死亡により同人の相続分をd1（二次相続の相続人）が相続により取得したことを確認する[1]。

2　相続人らは、a1及びa2がそれぞれの相続分全部をXに譲渡し、Xがこれらを譲り受けたことを確認する[2]。

3　相続人らは、別紙遺産目録[3]（省略）記載の各財産が被相続人の遺産であることを確認する[4]。

4　別紙遺産目録[3]（省略）記載の各財産はXが全て取得する[5]。

5　Xは、別紙遺産目録[3]（省略）記載××の預金の解約・払戻手続を行い、B、c1、c2、d1、E及びFそれぞれに対し、同解約・払戻手続の完了後1か月以内に[6]、代償金として下記各金額[7]を、同人らが別途個別に指定する口座宛振込の方法により支払う[5]。
　　ただし、振込手数料はXの負担とする。
記
　　Bに対し　金105万円
　　（以下、省略）

6　B、c1、c2、d1、E及びFは、Xに対し、印鑑登録証明書を交付し、被相続人の遺産の名義変更、解約・払戻及び換価の各手続に協力する[8]。

7　本合意後、別紙遺産目録[3]（省略）記載の各財産以外の被相続
　　　人の遺産が判明した場合には、相続人らは、その取扱いを改めて
　　　協議する[9]。
　　8　相続人らは、本合意により遺産分割協議が成立し、被相続人の
　　　遺産分割が解決したことを確認する[10]。
　　　本合意及び被相続人の遺産分割協議の成立の証として、本協議書
　　7通を作成し、相続人らが各1通を保有する。
　　　令和　年　月　日
　　　　　　　　　　　【相続人らの署名・捺印欄】[11]
　　　　　　　　　　　　（省略）

1　相続人（代襲相続人を含む）を確認したうえで、被相続人の相続開始後に死亡した相続
　　人の相続分を取得し、遺産分割に参加することになった者を確認する。
2　相続分の譲渡が行われたことを確認する。
3　【ステップ3】方針の決定［遺産目録（令和5年3月31日時点：確定)］（52頁）を元に遺
　　産目録を作成するが、分割後の不動産登記手続、預貯金の解約・払戻及び有価証券の換
　　価のため、不動産については登記事項証明書の各項目及び各記載内容、預貯金について
　　は金融機関・支店・預貯金の種類・口座番号、有価証券については銘柄及び株式数・口
　　数等により遺産を特定できるように記載する。
4　遺産分割の対象となる遺産の範囲を確認する。
5　代償分割によることの記載例である。
6　代償金の支払時期の記載である。
7　相続人それぞれの代償金額を明示し、支払を約する規定である。相続人それぞれにつ
　　いて、代償金額と代償金の支払義務を確認し、支払を約する規定を設ける例もあり、条
　　項は増えるが、より丁寧な規定の仕方である。
8　遺産分割成立後の手続のため、印鑑登録証明書の提出等を約束させる。
9　別途遺産が判明した場合の取扱いに関する規定である。
10　遺産分割に参加する者全員の合意により遺産分割が成立したことを確認する。
11　相続分を有する者全員の署名・捺印が必要となる。捺印は実印による。

第**4**章

協議が成立しない場合

本章では、分割内容に他の相続人の了解を得ることができず、遺産分割協議が不成立に終わった場合の家庭裁判所における調停手続について解説する。調停申立の方法と申立にあたって注意すべき点、調停手続の実際、調停が成立した場合等を取り上げる。また、調停申立に先立つ、分割内容に同意している相続人に対する対応と、調停申立後に、手続外で分割内容に同意が得られた場合の処理方法等についても解説することとする。

1 提案に同意しない相続人がいる場合

【ステップ7】協議の成立（93頁）において、**分割案に同意しない相続人がいた場合**のその後の対応方法を取り上げる。

　相続人が10名を大きく超える場合、反対に比較的少数の場合、いずれの場合においても、分割に同意しない相続人がいる限りは妥当するはずである。

ステップ7-2……協議の不成立（分割案への不同意）

一部の相続人の分割案への不同意

①相続を希望しないa1・a2から、【書式3】（80頁）記載の「相続分譲渡証明書」、【書式4】（81頁）記載の「相続分譲渡確認書」と印鑑登録証明書を取り付けることができた。

②相続を希望する相続人のうち、B・c1・c2・d1からは、【書式5】（83頁）記載の「ご提案」による分割案に同意を得ることができた。しかしながら、E・Fはより多くの現金支払を要求し、同人らからは分割案への同意を得ることができなかった。

協議不成立後の処理

　E・Fの不同意により、協議による遺産分割成立の見込みがなくなったことから、K弁護士は、Xと打ち合わせを行い、遺産分割調停の申立を行うこととし、手続代理委任状を取り付けた。

　当事者が多数となることによる調停手続の事務負担と長期化等を避け、また、分割案に同意してくれた相続人にできるだけ手間と負担をかけないため、同意してくれた相続人から、分割案で提示した代償金に相当する金額を対価とする有償での相続分の譲渡を受け、調停手続の当事者をできるだけ絞り込むことにした。

K弁護士は、B・c1・c2に事情を説明し、有償での相続分の譲渡に了解を得ることができた。K弁護士は、B・c1・c2に、「相続分譲渡証明書」（【書式3】（80頁）参照）と「相続分譲渡確認書」（【書式4】（81頁）参照）とともに、遺産分割成立後、遺産中の預貯金の解約払戻が済んだ時点を譲渡対価の支払期限とする「相続分譲渡の対価に関する合意書」（【書式9】（110頁）参照）を送付し、B・c1・c2が署名・捺印した同各書面と印鑑登録証明書の返送を受けた。

　d1については、Yの相続人Dの相続人であり、二次相続の相続人であることから、第3章44（103頁）で述べたとおり、遺産分割成立後の登記費用と課税上の問題（【補足解説⑤】（192頁）・【補足解説⑥】（198頁）参照）がある。K弁護士は、d1に対し、遺産分割協議が不成立になり、家庭裁判所での調停手続が必要になったことと、d1から相続分の譲渡を受けた場合の問題点を説明したうえで、d1も調停手続の相手方とせざるを得ない旨を伝えた。そのうえで、引き続き従来の分割案に同意してもらえるのであれば、調停手続には電話で参加するといった方法もあり、できるだけ負担がかからないようにする旨を伝えた。d1からは、それほど負担がかからないのであれば、調停手続に協力するし、従来の分割案で構わないとの回答を得ることができた。K弁護士は、以上のやり取りを明確にしておくため、d1にお願いし、遺産分割案に同意する旨の書面（【書式10】（112頁）参照）を取り付けた。

　なお、K弁護士は、B・c1・c2・d1に対し、裁判所での手続を要するため、遺産分割の成立・代償金の支払まで時間がかかることを十分に説明し、了解を得た。

相続分譲渡の対価に関する合意書

　Xと○○は、本日、X○○間の令和4年8月×日付相続分譲渡確認書における○○からXに対する被相続人Y（以下「被相続人」という。）の遺産に対する相続分の譲渡（以下「本件相続分譲渡」という。）に関し[1]、次のとおり譲渡の対価について合意する。

1　Xは、○○に対し、本件相続分譲渡の対価として、金○○万円の支払義務があることを認める[2]。

2　Xは、○○に対し、被相続人の遺産の分割が成立し、Xによる被相続人名義の○○銀行○○支店の定期預金口座（口座番号○○○○○○）の解約・払戻手続が完了した日から1か月以内に[3]、前項の対価を○○が指定する次の口座宛振込の方法により支払う。ただし、振込手数料はXの負担とする[4]。

　（指定口座の表示）[5]

　（省略）

3　Xと○○は、X○○間には、本件相続分譲渡の対価に関し、本合意書に定めるほか何らの債権債務がないことを確認する[6]。

　本合意成立の証として本合意書2通を作成し、甲乙各1通を保有する。

　　令和　年　月　日

　　　　　　　（X代理人）横浜市中区○○町○丁目○番地

　　　　　　　　　　　　○○ビル○階

　　　　　　　　　　　　K　法律事務所

　　　　　　　　　　　　弁護士　　　　K　　　　　　　印

　　　　　　　（○○）住所

　　　　　　　　　　　　氏名　　　　　　　　　　　　印[7]

1　別途取り交わす相続分譲渡確認書を引用することで、対象とする相続分の譲渡を特定する。

2　譲渡の対価の支払義務と対価の金額を確認する。

3　対価の支払期限に関する定めである。

4　振込手数料の負担に関する規定である。

5　振込先口座は金融機関・支店名、口座の種類、口座番号及び口座名義人により特定する。

6　清算条項であるところ、「本件相続分譲渡の対価に関し」との限定を入れず、一切の債権債務なしとすることも考えられる。

7　実印によることが望ましい。

遺産分割案に対する同意書

　被相続人Y（令和3年6月2日死亡　本籍：横浜市○○区○○町○丁目○番地）（以下「被相続人」という。）の相続人○○は、Xに対し、被相続人の遺産の分割（以下「本件遺産分割」という。）に関し、次のとおり同意する。

1　別紙遺産目録[1]（省略）記載の各財産が被相続人の遺産であることを認め[2]、Xが全て取得する。[3]

2　Xは、本件遺産分割の成立後、別紙遺産目録[1]（省略）記載2（1）の預金の解約・払戻手続を行い、○○に対し、同解約・払戻手続の完了後1か月以内に、代償金として、金○○万円を支払う。[4]

　本同意の証として、本同意書1通を作成し、Xがこれを保有する。

　令和　年　月　日

　　　　　　　　　　　　住所

　　　　　　　　　　　　氏名　　　　　　　　　　　　印[5]

1　【ステップ3】方針の決定［遺産目録（令和5年3月31日時点：確定）］（52頁）を元に遺産目録を作成するが、分割後の不動産登記手続、預貯金の解約・払戻及び有価証券の換価のため、不動産については登記事項証明書の各項目及び各記載内容、預貯金については金融機関・支店・預貯金の種類・口座番号、有価証券については銘柄及び株式数・口数等により遺産を特定できるように記載する。

2　遺産分割の対象となる遺産の範囲を確認する。

3　代償分割によることに同意することの規定。

4　代償金の金額と支払時期に同意することの規定。

5　実印によることが望ましい。

1　不同意の原因とそれに応じた対応

　各相続人の相続分に応じた内容の分割案を提案したにもかかわらず、同意が得られない原因として、不同意の相続人が被相続人の相続に関わりたくないケースがある。この場合は、相続を希望しない相続人に対するときと同様に、相続分の譲渡により対応すればよい（第3章**3**1（86頁）参照）。

　これに対して、同意しない相続人が、提案額よりも取得する遺産ないしは遺産額を増やしたいと考えている場合がある。不同意の者の希望額が遺産の評価額や相続分の点で**合理的な範囲内**にとどまり、調停等の手続で**増額される可能性**がある場合には、増額を検討することになる。ただし、**他の相続人との公平上**、安易に増額を認めるべきではない。他の相続人が知った場合、同意を撤回され、また、増額を要求され、それまでに積み重ねてきた協議の成果が無に帰してしまいかねない。さらに、不相当に高額であるといったような不合理な要求に対しては、毅然として拒否するべきで、調停等の手続を申し立てることを予告し、再考を促すべきである。

　なお、配偶者の相続分が兄弟姉妹に比べて多額であることに対し、感情的な反発から同意しない場合もある。法定相続分について丁寧に説明し、納得してもらうよう努めることに尽きるが、感情的な反発が収まらないときは、それ以上説得しても、さらに感情的になるだけであるから、速やかに協議を打ち切り、調停手続によるべきである。

2　遺産分割に同意した者への対応

①　同意している者への経過の報告と説明

　分割案に同意した相続人は、遺産分割協議の成立を期待ないし予想しているであろうことから、同意しない相続人がおり、遺産分割協議が不成立となった場合には、同意した相続人に対し、速やかにその旨を報告して、家庭裁判所における調停手続によることになったことを報告する。また、解決までに時間がかかることも説明しておく。

② 相続分の譲渡による場合

調停等の申立にあたっては、相手方の数に応じた提出書類の**副本**を用意する必要があり、当事者に副本等を送付するために**予納する切手**の額も増加する。当事者が多くなればなるほど、申立を行う相続人（その代理人）の負担が増える。裁判所においても、資料の確認・整理、当事者の呼出し等における事務負担が増える。何より、当事者の主張の整理と調整に時間がかかり、**解決までの期間を長期化させる要因**となる。

加えて、分割案にせっかく同意してくれた者に手続参加の負担をかけることになることから、同意した者については、できる限り調停等の手続から除外できるように手当しておくことが求められる。そこで、同意した者に対しては、同意を維持してもらえるようであれば、分割案における**代償金額**（第3章**3**2②（90頁）参照）に相当する金額を対価として、相続分を有償で譲渡してもらえるかを確認する。**有償譲渡**に応じてもらえた場合には、有償での相続分譲渡の合意書を作成する。この点、【書式3】（80頁）記載の「相続分譲渡証明書」及び【書式4】（81頁）記載の「相続分譲渡確認書」を利用するとともに、**支払期限**を遺産分割成立後とする「相続分譲渡の対価に関する合意書」【書式9】（110頁）参照）を取り交わすという方法が考えられる。

当事者を少人数に留めるための手続からの排除が目的であるので、「相続分譲渡確認書」には、手続から排除されることについての同意と裁判所による**排除決定に対する抗告権の放棄**を明記しておく。なお、調停等における遺産分割成立後の登記手続等のため、捺印は印鑑登録された**実印**により、**印鑑登録証明書**を取り付けておく。

なお、【書式7】（99頁）記載の「代償金に関する合意書」は、遺産分割の当事者全員が分割案に同意しており、遺産分割の成立が確実な場合に、【書式6】（97頁）記載の「遺産分割同意書」とセットで取り付けることが前提となっているため、**遺産分割の成立を条件とした**。これに対し、前記「相続分譲渡の対価に関する合意書」については、取付け時点において、遺産分割がいつ成立するかが不確定なため、遺産分割の成立まで相続分譲渡の効力が不確定なままとなり、同意した相続人を調停等の手続から除外できなくなってしまいかねない。相続分の譲渡自体は遺

産分割の成立とは無関係に確定的に有効となるよう、**遺産分割の成立を条件とすべきではない**。その場合、成立時期は不確定でも、遺産分割は最終的には**審判手続**により成立することから、調停・審判の手続による遺産分割の成立の後の日を**譲渡対価の支払期限**とする。

　この点、相続分の有償譲渡に先立ち、譲渡人に対し、代償金支払までには期間を要し、その時期は不確定であることを十分に説明し、了解を得る。あまりにも長期間を要することが予想される場合には、譲渡を受ける者の**自己資金**により譲渡対価を支払っておくことを検討するとか、相続分の有償譲渡という方法をとらず、調停等の手続に参加してもらい、手続内で遺産分割を成立させるとかといった方法をとるべきである。

③　相続分譲渡によることに慎重であるべき場合

ア　二次相続の相続人

　分割案に同意した者が被相続人の相続人ではなく、被相続人の死亡後に死亡した相続人の相続人、いわゆる**二次相続の相続人**である場合、同人との間での相続分の譲渡には、第3章**4** 4（103頁）で述べたとおり、遺産分割成立後の登記手続において**相続人全員の共有登記**を経る必要が生じ、**登記費用の負担**が増える場合がある（【補足解説⑤】（192頁）参照）。また、譲渡人において相続税を負担したうえで、**譲渡所得税**までを負担しなければならなくなる可能性もある（【補足解説⑥】（198頁）参照）。譲渡人及び譲受人がこれらの事情を十分に承知したうえで、それでもなお相続分の有償譲渡を積極的に希望するような場合でなければ、相続分の譲渡にはよらず、分割案に同意した者であっても、調停等の手続の当事者として手続に参加してもらい、手続内で遺産分割を成立させることが適当である。

　その場合には、【書式10】（112頁）記載の「遺産分割案に対する同意書」を取り付けるなどして、調停等の手続において、当該相続人が協議段階で分割案に同意しており、引き続き同意していることを裁判所に知ってもらう。後記のとおり、当該相続人が調停等の期日に出頭することを省略することができる場合がある。このような手当てをすることにより、分割案に同意した二次相続の相続人の負担を相当程度軽減することがで

きる。

　なお、相続分の譲渡によらない場合でも、遺産分割の成立までに期間を要することを十分に説明しておき、**あまりにも長期間を要する場合**には、協議段階での分割案に拘束することはせず、分割案に同意しない相続人と同様に、調停等の期日に出席してもらう。分割案に拘束せずに遺産分割に関する希望を述べてもらうことが適当である。

イ　早期解決が困難な場合

　前記②で述べたとおり、遺産分割の成立までにあまりにも長期間を要することが予想される場合には、相続分の譲渡によらず、調停等の手続に参加してもらい、手続内で遺産分割を成立させることが適当である。

2 調停の申立

ステップ **7 - 2 - 2** ……**調停の申立**

調停の申立

　B・c1・c2 から「相続分譲渡証明書」「相続分譲渡確認書」「相続分譲渡の対価に関する合意書」及び印鑑登録証明書を取り付けることができ、d1 からは「遺産分割案に対する同意書」を取り付けることができたため、K 弁護士は、X を代理して、X を申立人、d1・E・F を相手方として、【書式 11】（119 頁）記載の「調停申立書」を作成し、横浜家庭裁判所に対し、遺産分割調停を申し立てた。

　申立にあたっては、相続人を明らかにするため、【ステップ 3】方針の決定中の［相続人関係図（令和 5 年 3 月 31 日時点：確定）］（51 頁）と同内容の「相続人関係図」を添付し、【ステップ 2】調査（26 頁）において取り付けた戸籍謄本等と d1・E・F の戸籍の附票、いずれも原本を添付し、あわせて、これらの原本の還付を申し立てた。また、d1・E・F 以外の相続人を当事者から除外するため、同相続人らから取り付けた「相続分譲渡確認書」と印鑑登録証明書の各写しを添付した。

　遺産とその評価については、【ステップ 3】方針の決定［遺産目録（令和 5 年 3 月 31 日時点：確定）］（52 頁）をもとにした「遺産目録」を添付し、マンションの登記事項証明書、固定資産評価証明書、不動産業者の査定書、預貯金通帳、有価証券の取引残高証明書の各写し添付した。

　申立書の中では、不動産業者の査定額を平均した金額をマンションの評価額とし、預貯金の現在残高及び有価証券の直近の取引残高

証明書の金額を加えた4500万円から、共有持分であることによる減額分、Yの葬儀関係費用及び遺産分割にあたってXが負担した費用各100万円を控除した4200万円を遺産分割の基礎となる遺産の総額とし、遺産分割協議の段階と同様に、これに対するd1・E・Fの各法定相続分20分の1相当額210万円を、Xがd1・E・Fそれぞれに対して代償金として支払うことで、遺産自体はXが全て取得するとの代償分割を求めた。

なお、Y生前のXへのマンションの持分2分の1の贈与は、特別受益の持戻し免除の意思表示が推定されるとして、具体的な相続分の計算において持戻しはしないものとした。

申立の理由では、遺産分割協議の経過について、遺産分割の当事者となり得る者全員に遺産取得の意思を確認したところ、a1・a2は遺産取得の意思がなく、Xに対し無償で相続分の全部を譲渡したこと、その他の者に対し、調停において求める遺産分割の内容で分割案を提案したところ、E・F以外はこれに同意したが、E・Fが同意しなかったことから、B・c1・c2からは、代償金として提案した金額を対価として相続分の譲渡を受けたこと、E・FはXが遺産を取得する代償分割自体には同意しているが、代償金額の増額を求めており、協議の段階では金額について合意できなかったため、調停申立にいたったことを述べ、裁判所が紛争の要点を理解できるように努めた。

なお、d1については、引き続き協議段階の分割案に同意しているが、二次相続の相続人であることから、相続分の譲渡によることはせず、調停手続の相手方としたこと、裁判所へ出頭することはできれば避け、調停期日には電話により参加することを希望していることを申立の理由に付記し、「相続分譲渡の対価に関する合意書」【書式9】（110頁）の写しを申立書に添付した。

この申立書の写しは，法律の定めにより，申立ての内容を知らせるため，相手方に送付されます。

受付印	遺産分割 　☑ 調停 　　　　　申立書ア 　　　　　☐ 審判

（この欄に申立て1件あたり収入印紙1，200円分を貼ってください。）

（貼った印紙に押印しないでください。）

収入印紙　　　円	
予納郵便切手　　円	

横 浜 家 庭 裁 判 所　御中	申　立　人 （又は法定代理人など） の 記 名 押 印	申立人代理人　弁護士　　K　　　印イ
令和 5 年 9 月 ● 日		

添付書類ウ	☑ 戸籍（除籍・改製原戸籍）謄本 ●通　☑ 相続人関係図 1通エ　☑ 戸籍附票 3通 ☑ 相続分譲渡合意書写し 5通　☑ 印鑑証明書写し 5通　☑ 相続放棄申述受理証明書写し 2通 ☑ 登記事項証明書写し 1通　☑ 固定資産評価証明書写し 1通　☑ 査定書写し 2通 ☑ 預貯金通帳写し 3通　☑ 残高証明書写し 1通　☑ 提案書写し 1通　☑ 同意書写し 1通 ☑ 委任状 1通オ	準 口 頭

当　事　者	別紙当事者目録記載のとおり		
被相続人	最後の住所	神奈川　都道府県	横浜市○○区○○丁○番○号　○○マンション○階○号室
	フリガナ 氏　名	Y	平成 （令和） 3 年 6 月 2 日死亡

申　立　て　の　趣　旨

☑ 被相続人の遺産の全部の分割の（☑ 調停 ／ ☐ 審判）を求める。

☐ 被相続人の遺産のうち，別紙遺産目録記載の次の遺産の分割の（☐ 調停 ／ ☐ 審判）
　を求める。※1
　　【土地】＿＿＿＿＿＿＿＿＿＿＿　【建物】＿＿＿＿＿＿＿＿＿＿＿
　　【現金，預・貯金，株式等】＿＿＿＿＿＿＿＿＿＿＿

申　立　て　の　理　由

遺 産 の 種 類 及 び 内 容	別紙遺産目録記載のとおり
特　別　受　益 ※2	☑ 有 ／ ☐ 無 ／ ☐不明
事前の遺産の一部分割 ※3	☐ 有 ／ ☑ 無 ／ ☐不明
事前の預貯金債権の行使 ※4	☐ 有 ／ ☑ 無 ／ ☐不明
申　立　て　の　動　機	☐ 分割の方法が決まらない。 ☐ 相続人の資格に争いがある。 ☐ 遺産の範囲に争いがある。 ☑ その他（　別紙申立の理由のとおりカ　　　　）

(注)　太枠の中だけ記入してください。☐の部分は該当するものにチェックしてください。
※1　一部の分割を求める場合は，分割の対象とする各遺産目録記載の遺産の番号を記入してください。
※2　被相続人から生前に贈与を受けている等特別な利益を受けている者の有無を選択してください。「有」を選択した場合には，遺産目録のほかに，特別受益目録を作成の上，別紙として添付してください。
※3　この申立てまでにした被相続人の遺産の一部の分割の有無を選択してください。「有」を選択した場合には，遺産目録のほかに，分割済遺産目録を作成の上，別紙として添付してください。
※4　相続開始時からこの申立てまでに各共同相続人が民法909条の2に基づいて単独でした預貯金債権の行使の有無を選択してください。「有」を選択した場合には，遺産目録【現金，預・貯金，株式等】に記載されている当該預貯金債権の欄の備考欄に権利行使の内容を記入してください。

遺産（ 1 / 9 ）

当 事 者 目 録 ^キ

☑申立人 □相手方	住　所	〒○○○ － ○○○○ 横浜市○○区○○町○丁目○番○号		
	フリガナ 氏　名	X	大正 ㊼昭和 平成 令和 21 年 3 月 1 日生 （ 77 歳）	
	被相続人 との続柄	妻		

□申立人 ☑相手方	住　所	〒○○○ － ○○○○ さいたま市○○区○○町○丁目○番○号		
	フリガナ 氏　名	d1	大正 ㊼昭和 平成 令和 34 年 5 月 20 日生 （ 63 歳）	
	被相続人 との続柄	甥		

□申立人 ☑相手方	住　所	〒○○○ － ○○○○ 神戸市○○区○○町○丁目○番○号		
	フリガナ 氏　名	E	大正 ㊼昭和 平成 令和 17 年 5 月 20 日生 （ 81 歳）	
	被相続人 との続柄	兄		

□申立人 ☑相手方	住　所	〒○○○ － ○○○○ 横浜市○○区○○町○丁目○番○号	（　　　　　方）	
	フリガナ 氏　名	F	大正 ㊼昭和 平成 令和 19 年 5 月 5 日生 （ 83 歳）	
	被相続人 との続柄	兄		

□申立人 □相手方	住　所	〒　　　－	（　　　　　方）	
	フリガナ 氏　名		大正 昭和 平成 令和 　年 　月 　日生 （　　　歳）	
	被相続人 との続柄			

（注）□の部分は該当するものにチェックしてください。

遺産(2 / 9)

この申立書の写しは，法律の定めにより，申立ての内容を知らせるため，相手方に送付されます。

遺 産 目 録 （□特別受益目録，□分割済遺産目録）

【土　地】

番号	所　　　　　在	地　番	地　目	地　積	備　考
		番		平方メートル	
	なし				

（注）この目録を特別受益目録又は分割済遺産目録として使用する場合には，（□特別受益目録又は□分割済遺産目録）の□の部分をチェックしてください。また，備考欄には，特別受益目録として使用する場合は被相続人から生前に贈与を受けた相続人の氏名，分割済遺産目録として使用する場合は遺産を取得した相続人の氏名を記載してください。

遺産（３／９）

遺 産 目 録 （□特別受益目録，□分割済遺産目録）

【建 物】

番号	所　　　　　在	家屋番号	種類	構　造	床 面 積	備　考
	省略ク				平方メートル	
					┊	
					┊	
					┊	
					┊	
					┊	
					┊	
					┊	
					┊	

（注）この目録を特別受益目録又は分割済遺産目録として使用する場合には，（□特別受益目録又は□分割済遺産目録）の□の部分をチェックしてください。また，備考欄には，特別受益目録として使用する場合は被相続人から生前に贈与を受けた相続人の氏名，分割済遺産目録として使用する場合は遺産を取得した相続人の氏名を記載してください。

遺産（ 4 / 9 ）

122

この申立書の写しは，法律の定めにより，申立ての内容を知らせるため，相手方に送付されます。

遺 産 目 録 （□特別受益目録，□分割済遺産目録）
【現金，預・貯金，株式等】

番号	品　　　　目	単 位	数 量 （金 額）	備　　　考
	省略ク			

(注) この目録を特別受益目録又は分割済遺産目録として使用する場合には，（□特別受益目録又は□分割済遺産目録）の□の部分をチェックしてください。また，備考欄には，特別受益目録として使用する場合は被相続人から生前に贈与を受けた相続人の氏名，分割済遺産目録として使用する場合は遺産を取得した相続人の氏名を記載してください。

遺産（5／9）

遺 産 目 録 （☑特別受益目録，□分割済遺産目録）^ケ

【建 物】

番号	所　　　　　在	家屋番号	種類	構　造	床 面 積	備　考
	省略^ク				平方メートル	

(注) この目録を特別受益目録又は分割済遺産目録として使用する場合には，（□特別受益目録又は□分割済遺産目録）の□の部分をチェックしてください。また，備考欄には，特別受益目録として使用する場合は被相続人から生前に贈与を受けた相続人の氏名，分割済遺産目録として使用する場合は遺産を取得した相続人の氏名を記載してください。

遺産(6 / 9)

124

別紙　申立の理由^カ

1　当事者及び法定相続分^コ

　　被相続人の親族関係は、別添相続人関係図^エ（省略）記載のとおりである。

　　被相続人は、令和3年6月2日に死亡しており、申立人は、被相続人の妻である。

　　被相続人に子はなく、被相続人の相続人は、申立人、被相続人と父母を同じくする姉である亡D並びに父母を同じくする兄である相手方E及び同Fのほか、母を異にする姉A（平成22年1月23日死亡）の子a1及びa2（代襲相続人）、母を異にする姉B、父母を同じくする兄Cの子c1及びc2（代襲相続人）であった。

　　被相続人死亡後の令和4年2月1日に亡Dが死亡したところ、亡Dの夫はそれよりも先に死亡していたことから、亡Dの相続人は子である相手方d1、d2及びd3の3名のみで、d2及びd3は○○家庭裁判所に対し亡Dの相続放棄の申述を行っている。

　　被相続人の遺産に対し相続分を有するa1、a2、B、c1及びc2は、申立人に対し、その有する相続分全てを譲渡している。

　　以上の経過により、被相続人の遺産分割の当事者となる者は、現に相続分を有している申立人（相続分20分の17）並びに相手方d1、同E及び同F（相続分各20分の1）の4名である。

2　**被相続人の遺産及びその評価額**^サ

　　被相続人の遺産は、別紙遺産目録記載のとおりである。

　　同目録記載の区分所有建物の共有持分2分の1の評価額は、不動産業者2社による同建物の査定額の中間値2000万円の2分の1（共有持分割合）相当額である1000万円を上回らない。共有持分の換価が困難であることを考慮すると、その評価額の10%相当額を減じ、900万円と評価するべきである。なお、同建物は被相続人と申立人の自宅であり、同人らは、被相続人が死亡するまでの間、同居しており、現在は申立人が単身居住している。

　　同目録記載の預貯金の直近の残高は、同目録記載のとおりであり、その合計額は2500万円である。

　　同目録記載の株式及び投資信託の直近の評価額は、同目録記載のとおりであり、その合計額は1000万円である。

　　同目録記載の前記被相続人の自宅内の家財は、いずれも相当に古いものであり、無価値である。

　　以上より、被相続人の遺産の評価額の合計は4400万円となる。

3　遺産から控除すべき金額シ

　　申立人としては、被相続人の葬儀費用 100 万円を負担していること、弁護
　士に依頼して、相続人及び遺産の調査並びに遺産分割に関する相続人間の調
　整を行っていることから、相手方らの同意が得られるようであれば、葬儀費用
　とＸの負担した費用の合計の一部 200 万円を遺産の価額から控除し、同金額
　を申立人の取得額に加算することを希望する。

　　仮に、これらの主張ないしは希望が認められるときは、前記遺産の評価額の
　合計 4400 万円から 200 万円を控除した 4200 万円が遺産分割の対象となる遺
　産の評価額となる。

4　特別受益と持戻し免除の意思表示ス

　　被相続人らの自宅であった前記区分所有建物は、元は被相続人が単独で所
　有していたところ、令和元年 8 月 1 日に被相続人は申立人に対し別紙特別受
　益目録記載の持分 2 分の 1 を贈与している。これは特別受益に該当するが、
　被相続人と申立人とは昭和 55 年 7 月 12 日に婚姻し、婚姻期間が 20 年以上の
　夫婦であったことから、被相続人から申立人に対する持戻し免除の意思表示が
　あったものと推定され（民法 903 条 4 項）、遺産分割の当事者が実際に取得で
　きる遺産額の算定にあたり、同持分の価額を持戻す必要はない。

5　具体的相続分セ

　　前記 3 において述べた評価額 4200 万円を前提とすると、申立人の具体的相
　続分の価額は、20 分の 17 である 3570 万円となり、これに、控除した 200 万
　円を加えた 3770 万円が申立人の取得する金額となる。これに対し、相手方ら
　の具体的相続分は各 210 万円となる。

6　遺産分割の方法ソ

　　相手方らの具体的相続分の金額が遺産全体に対して少額であることに加え、
　本調停申立前の協議の際、同人らが金銭を取得する形での分割を希望してい
　たことから、被相続人の遺産の全てを申立人が取得し、申立人から相手方らに
　対し、代償金として、それぞれ 210 万円を支払うとの代償分割によることを
　希望する。

7　本申立にいたる経過タ

　　申立人は、代理人に被相続人の遺産分割協議を依頼し、代理人においては、
　遺産分割の当事者並びに遺産及びその評価額を調査したうえで、令和 5 年 4
　月〇日、遺産分割協議の当事者となり得るもの全員に対し、遺産を取得する意
　思があるか否かを確認する書面を発送した。同書面に対し、a1 及び a2 は遺
　産の取得を希望しないとのことであったので、申立人は、同人らから、令和 5
　年 6 月〇日までに、その有する相続分全ての譲渡を受けている。

　　遺産の取得を希望した者に対しては、令和 5 年 5 月〇日付書面により、遺

産分割の内容についての提案を行った。同提案の内容は、前記具体的相続分の算定方法と同様に、遺産の評価額を 4200 万円として、各人が有する相続分の価額を代償金として支払い、遺産自体はその全てを申立人が取得するとの内容であった。同提案に対し、B、c1、c2 及び相手方 d1 は了解したものの、相手方E及び同Fは、金銭を取得する方法で遺産分割を行うことには了解しつつ、それぞれ 210 万円という金額では同意できないとのことであった。

申立人は、提案に同意した B、c1 及び c2 から、提案した代償金と同額を譲渡の対価として、同人らの相続分全ての譲渡を受けることができたため、相手方ら3名のみを相手方として、本調停を申し立てたものである。

なお、相手方 d1 については、引き続き本申立前の前記提案に同意しているが、同人は被相続人の相続に関してはいわゆる二次相続の相続人の地位にあり、相続分の譲渡によるときは登記手続上及び課税上想定外の負担を負う可能性を否定できないため、同人からは相続分の譲渡を受けることはせず、同人の了解のもと本申立の相手方とした。調停が成立する場合には、申立人から相手方 d1 に代償金 210 万円を支払うことで足りる旨同意を得られている。

相手方 d1 としては、できることであれば貴庁への出頭を省略してもらいたいとのことであり、同人については、電話会議等によることが適当であることを付言する。

以上

ア 申立書の書式は、裁判所のウェブサイト（https://www.courts.go.jp/saiban/syosiki/ syosiki_kazityoutei/syosiki_01_34/index.html）からダウンロードできる。【書式11】は 横浜家庭裁判所の書式（https://www.courts.go.jp/yokohama/saiban/tetuzuki/l4/ Vcms4_00000142.html）をもとに作成した。

イ 代理人の記名捺印。住所等は別途「連絡先等の届出書」を提出するようにする。

ウ 添付書類の記載例。他に、遺産分割の前提問題、被相続人に関する事情、申立にいた る経過及び分割方法に関する希望等を記載した「事情説明書」、相手方の期日への出頭可 能性及び期日の希望等を記載した「進行に関する照会回答書」並びに前記「連絡先等の 届出書」を添付する必要がある。これらの書式についても裁判所のウェブサイトからダ ウンロードできる。

エ 被相続人と当事者の関係がわかる家系図形式の「相続人関係図」を添付する。

オ 申立人から申立人代理人に対して調停手続を委任する旨の記載がある「手続代理委任 状」を添付する。

カ 相続人、遺産の内容、分割方法に関する希望及び調停申立にいたる経過等を整理して 述べた「申立の理由」を別紙にて添付した。別紙「申立の理由」の添付は不可欠という わけではなく、「申立書」「当事者目録」「遺産目録」と前記「事情説明書」で紛争の内容 と申立にいたる経過が明らかであれば、必ずしも添付する必要はなく、代理人によらな い申立では、添付されていないことも少なくない。ただし、調停委員会に早期に紛争の 内容をわかりやすく伝え、第1回期日から争点を絞った迅速な進行をしてもらうために、 また、申立人の主張や希望を明確に伝えておくために作成・添付することが望ましい。

キ 当事者目録については、遺産分割の当事者となる者のみを記載し、相続放棄や相続分 の放棄・譲渡により遺産分割の当事者とならない者は除外する。なお、除外する者につ いては、遺産分割の当事者とならないことを明らかにする資料（相続分譲渡確認書と印鑑 登録証明書等）を添付する必要がある。

ク 遺産を特定できるように記載しなければならない。不動産については登記事項証明書 の表示にしたがい、預貯金等は金融機関・支店名、口座の種類、口座番号及び現在の残 高等により特定する。

ケ 特別受益がある場合、特別受益に該当する財産を記載する。

コ 被相続人の法定相続人（代襲相続人を含む）を明らかにしたうえで、被相続人死亡後の 二次相続及び相続分譲渡による相続分の承継の経過を明らかにし、遺産分割の当事者を 確定して、その相続分の割合を記載した。

サ 遺産分割の対象となる遺産と申立人が主張するその評価額を述べた。

シ 申立人が希望する遺産の価額から控除すべき費用等を述べている。

ス　被相続人の生前の共有持分の贈与が特別受益にあたることと、持戻し免除の意思表示
　　が推定される場合にあたり、持戻し免除の意思表示がされていることを述べている。

セ　当事者が取得すべき具体的な遺産額を述べている。

ソ　遺産分割の方法として、代償分割の方法によることを希望することと同方法が妥当で
　　あることを述べている。

タ　本申立にいたる経過と遺産分割協議が成立しなかった原因について述べるとともに、
　　二次相続の相続人である相手方が引き続き協議時の提案に同意していることと、同人に
　　ついては電話会議によることが適当であることを付言している。

1 調停と審判

① 調停

調停は、「裁判のように勝ち負けを決めるのではなく、話合いによりお互いが合意することで紛争の解決を図る手続」（裁判所ウェブサイト https://www.courts.go.jp/saiban/syurui/syurui_kazi/kazi_03/index.html）であり、裁判所において、**調停委員会**が当事者の主張を整理し、調整して、**合意の形成**を図るものである。

当事者間に合意が成立し、これを**調書**に記載したときは、調停が成立し、調書の記載は、遺産分割事件においては、**確定した審判と同一の効力**を有する（家事法 268 条 1 項）。当事者間に合意が成立する見込みがない場合には、調停は**不成立**となり、終了する（同法 272 条 1 項）が、遺産分割事件については、終了により、調停の申立時に、審判の申立があったものとみなされ（同条 4 項）、当然に**審判手続に移行**する。

② 審判

審判は、「家庭に関する紛争のうち、家庭裁判所の審判手続で取り扱う一定の事項について、裁判官が、当事者から提出された書類や家庭裁判所調査官の行った調査の結果等種々の資料に基づいて判断を決定する手続」（裁判所ウェブサイト https://www.courts.go.jp/saiban/qa/qa_kazi/index.html）であり、**裁判所の判断・決定**により事件を解決する手続である。

遺産分割事件においては、前記のとおり、調停が不成立となり終了した場合に、調停申立時に審判の申立があったものとみなされ（家事法 272 条 4 項）、審判手続が開始されるが、当事者は、調停を経ず、いきなり審判の申立をすることもできる。ただし、裁判所は、当事者の意見を聴いて、いつでも、職権で、事件を**調停に付すことができる**（同法 274 条 1 項）とされており、当事者の合意による円満な解決を図るため、調停に付されることが一般的である。裁判所における遺産分割事件の解決は、まずは調停手続により行われるといってよい。

2 調停の申立

① 管轄

　調停の申立は、**相手方の住所地**を管轄する家庭裁判所または当事者が合意した家庭裁判所に対して行わなければならない（家事法245条1項）。

　相手方が複数いる場合は、いずれかの住所地を管轄する家庭裁判所に申立を行うことができる。

② 申立書

　調停の申立は、申立書を家庭裁判所に提出してしなければならない（家事法255条1項）。申立書の書式を裁判所のウェブサイト（https://www.courts.go.jp/saiban/syosiki/syosiki_kazityoutei/syosiki_01_34/index.html）からダウンロードできるので、同書式を利用ないし参考にして作成するのがよい。

　申立書には、当事者及び法定代理人並びに申立の趣旨及び理由を記載しなければならない（同条2項）。当事者については、「**当事者目録**」等において特定して記載する。申立の趣旨は、「被相続人の遺産の全部（一部）の分割の調停を求める。」となる。申立の理由として、被相続人の死亡と相続人のほか、遺産の種類及び内容の記載を要するので、「**遺産目録**」の添付・引用等が必要である。

　加えて、調停委員会に紛争の実情及び争点等を正確に理解してもらうため、申立の動機を記載する必要があるが、別紙「申立の理由」を添付・引用するなどして、申立にいたる経過、申立人の分割に関する希望、他の相続人の意向及び争点等を具体的に記載しておくことが適切かつ迅速な手続進行にとって重要である。この点、裁判所によっては「**事情説明書**」等の書式を用意し、提出を求めているので、その記載により実情及び争点等を明らかにすることで足りる場合もある。

　申立書の記載例としては、【書式11】（119頁）記載の「調停申立書」を参照されたい。

③　添付資料

　申立書には、当事者、遺産とその評価額及び申立人のその他の主張を根拠づける資料の添付が必要である。少なくとも、相続の開始（被相続人の死亡）と相続人を明らかにすることができる**戸籍謄本等**の添付が必要であり、**相続人関係図**の提出を求められることもある。また、管轄の有無の確認のため、相手方の住所を明らかにする必要があり、**戸籍の附票**または**住民票**の提出を求められる。さらに、相続放棄や相続分の放棄・譲渡があった場合には、これらを証する書類（**相続放棄申述受理証明書**、**相続分譲渡確認書**及び**印鑑登録証明書**の各写し等）の提出も必要である。

　戸籍謄本等は原本の提出を求められるところ、相続人が多数の場合にはその通数も多くなり、遺産分割成立後の登記手続や預貯金の払戻等においても必要となることから、提出した戸籍謄本等の写しを添付して**原本還付**を申請することで、提出した原本の還付を受けることができる。また、法定相続情報証明制度に基づく**法定相続情報一覧図**を利用することで、従来は提出を要した戸籍謄本等の一部の提出を省略することができる場合がある（【補足解説③】（48頁）参照）。

　遺産とその評価額については、**不動産登記事項証明書、固定資産評価証明書**、不動産業者による**査定書、預貯金通帳**及び有価証券に関する**取引残高報告書**等、遺産とその評価の調査のために取り付けた資料（第2章**1**3（33頁）参照）の各写しを添付する必要がある。

　代理人による申立の場合には、**手続代理委任状**の添付が必要であり、裁判所により、「**事情説明書**」「**進行に関する照会回答書**」「**連絡先等の届出書**」等の提出を求められることがあるので、裁判所のウェブサイト中の各裁判所のページから必要な書式をダウンロードし、記入のうえで添付する。別途「申立の理由」を添付しないときは、「事情説明書」において、調停委員会が紛争の実情と争点、申立人が希望する分割方法・内容等を正確に把握できるよう、記載を求められている事項を十分に網羅して記載しておくようにする。

④ 申立にあたっての注意点

ア 相手方の範囲

相続人のほか、包括受遺者（民法990条）及び相続分の譲渡を受けた者が遺産分割の当事者となる。これらの者の一部を欠いた遺産分割は無効となる。

相続人であっても、**相続分の全てを譲渡した者**は被相続人の遺産に対する相続分を有しないので、当事者とはならない。相続分の譲渡があったことに関しては、調停申立書に相続分の譲渡を証明する資料（**相続分譲渡証明書、相続分譲渡確認書**及び**印鑑登録証明書**）の写しを添付することを要する。

イ 遺産の範囲

遺産に関しては、申立書添付の遺産目録以外にも遺産があるとの主張が相手方からされることがある。同主張が予想される場合には、不動産については**名寄帳**、預貯金については**残高証明書**等を添付するか、申立後に必要に応じて提出できるように準備しておく。

また、被相続人の死亡前後に処分された財産について、遺産分割の対象となる旨の主張がされることがある。遺産分割の対象となる遺産は**相続開始時に存在し、かつ、分割時にも存在する遺産**なので、これらの処分された財産は原則として遺産分割の対象とはならない（第2章■3①ア（33頁）参照）。ただし、当事者全員の同意がある場合には例外的に対象となることもある（同イ（33頁）及び同ウ（34頁）参照）。預貯金の場合、通帳の写しがない場合や、あっても入出金の履歴の一部が欠けている場合には、金融機関から**入出金の明細書**を取り付け、その写しを提出するとともに、申立人が払戻を行っている場合には、その使途を明らかにできるよう、**使途の明細**とその根拠資料を準備するようにしておく。

なお、金銭債務・葬儀費用・遺産の管理費用は遺産分割の対象とはならないのが原則であるが、当事者全員の同意があれば対象となるので（第2章■3⑩（41頁）参照）、これらを考慮したうえで遺産分割を成立させることを希望する場合には、「申立の理由」ないしは「事情説明書」中にその旨を記載し、これらの金額を明らかにできる資料を添付する。

ウ　遺産の評価

　調停手続においては、不動産の評価が問題となり、評価額について当事者の合意が成立しない場合には**鑑定**を行うことになる。その場合、当事者は**鑑定費用**を負担しなければならず、時間も余計にかかることになるため、実務では、**公示価格、路線価**や**固定資産税評価額**といった公的評価額ないしは不動産業者の**査定額**を参考に、**当事者の合意**により評価額を確定させることが行われている。これらの価額を明らかにできる資料（**路線価図、固定資産評価証明書**等）は最低限準備し、**不動産業者の査定書**を取り付けておくか、取り付けられるようにしておく。

エ　特別受益・寄与分

　調停手続の進行において、特別受益・寄与分については、遺産の範囲と評価が確定した後に調整が図られることになるが、主張を予定している相手方が得た特別受益や申立人の寄与分については、概略を述べつつ主張を予告しておくようにする。相手方から同様の主張がされることが予想される場合には、それに対する反論・反証を準備しておく。

オ　分割方法に関する希望

　申立人が希望する分割の方法・内容については、「申立の理由」ないしは「事情説明書」に必ず記載しておく。

3　期日の指定・呼出

　裁判所において申立書に不備がないかを確認し、不備があれば**補正**を命じ、補正がされると、申立人（申立人代理人）と調整したうえで、第1回の**調停期日**が指定される。相手方に対しては、裁判所から指定された期日が通知され、申立書等の副本が送付されるとともに、**答弁書**の提出の指示と**進行に関する照会**がされる。

3 手続外での合意成立

ステップ **7 - 2 - 3** ……**手続外での合意成立**

調停の申立

　調停申立後、第１回期日が決定し、家庭裁判所から相手方に対し、期日が通知されたところ、EからK弁護士に電話があった。

　Eは「期日に出頭するのは面倒なので、前にK弁護士から送られてきた分割案に同意する」と述べた。K弁護士は、Eに対し、①分割案で提案した金額を支払うことで相続分を譲渡してもらうこととして、「相続分譲渡確認書」等に署名・捺印し、印鑑登録証明書とともに返送すること、②引き続き調停自体は続くので、支払は遺産分割が成立した後になること、③以上を了解し、実際に「相続分譲渡確認書」等が返送されてくれば、Eを調停の当事者から除外し、期日に出頭しなくてもよいよう手続をとると説明した。

　K弁護士の説明をEが了解したため、K弁護士は、Eに対し、【書式３】（80頁）記載の「相続分譲渡証明書」、【書式４】（81頁）記載の「相続分譲渡確認書」及び【書式９】（110頁）記載の「相続分譲渡の対価に関する合意書」を送付したところ、EからK弁護士のもとに同各書面（Eの署名・捺印あり）及びEの印鑑登録証明書が送られてきた。

　これを踏まえて、K弁護士は、横浜家庭裁判所に対し、Eの署名・捺印のある「相続分譲渡確認書」とEの印鑑登録証明書の各写しを添付し、【書式12】（136頁）記載の「排除に関する上申書」により、Eを調停手続から排除するよう上申した。これに対し、横浜家庭裁判所は、Eを調停手続から排除する決定を行い、調停手続の当事者はXとd1とFの三者となった。

令和 5 年（家イ）第○○○○○号
遺産分割調停事件
申立人　　X
相手方　　d1　　外2名[1]

排除に関する上申書[2]

令和 5 年 10 月○日

横浜家庭裁判所調停審判○係　御中

申立人代理人弁護士　　K　　印

　別添相続分譲渡確認書写し記載のとおり、相手方Eは、申立人に
対し、令和 5 年 10 月○日、被相続人Yの遺産に対する相続分の全
てを譲渡し、本件の当事者である資格を喪失したので、本件手続か
ら排除する旨の決定をするよう上申する。
（添付資料）[3]
　　1　　相続分譲渡確認書写し　　1通
　　2　　印鑑登録証明書写し　　　1通

以上

1　事件番号、事件名及び当事者名により事件を表示する。
2　排除の決定は裁判所の職権によりなされるため、職権の行使を促すものとして、上申書
　の形式をとった。
3　相続分の譲渡により当事者の資格を喪失したことを明らかにするため、相続分譲渡を証
　する書類を添付する。

1　一部の相続人との合意

①　相続分の譲渡

　調停申立後、相手方の一部との間で、調停手続外で遺産分割に関して合意が成立した場合、同相手方との間では同合意に基づき調停を成立させればよいが、同相手方が調停期日への出頭等の面倒を避けるために申立人の提案に同意することにしたといった場合には、同相手方との間で、手続外で遺産分割について合意するとともに、以後、同相手方が手続に参加しなくてもよいようにする必要がある。

　合意できた相手方が被相続人の相続人であれば（二次相続の相続人でなければ）、【書式３】（80頁）記載の「相続分譲渡証明書」及び【書式４】（81頁）記載の「相続分譲渡確認書」により有償にて相続分の譲渡を受け、【書式９】（110頁）記載の「相続分譲渡の対価に関する合意書」を取り交わすという方法が考えられる。なお、調停自体は継続することから、譲渡の対価の支払が相当程度先になることは十分に説明し、了解を得ておく必要がある。

②　手続からの排除

　合意が成立し、相続分の譲渡を得た場合、手続外で合意が成立した相手方を調停手続から除外するには、裁判所において同相手方を**手続から排除する旨の決定**をしてもらうことになる。

　家庭裁判所は、**当事者となる資格**を有しない者及び当事者である資格を喪失した者を手続から排除することができる（家事法258条１項・43条１項）。遺産分割調停の当事者が相続分を譲渡し、相続分を有しなくなった場合、当事者である資格を喪失するので、裁判所は手続から排除することができる。

　排除の決定は**裁判所の職権**でされるので、当事者は排除の申立をすることはできない。手続外で相続分の譲渡等がされたことについては、裁判所は当然には知り得ないため、前頁【書式12】記載の「排除に関する上申書」等により、裁判所の**職権発動**を促すことになる。その際、相手方が当事者である資格を喪失したことを明らかにするため、「相続分

譲渡確認書」等及び印鑑登録証明書の各写しを添付する。

　排除の決定に対しては**即時抗告**ができ（家事法 258 条 1 項・43 条 2 項）、排除の決定を受けた者は同決定を争うことができる。相手方において排除を争う意思がない場合には、早期に排除の決定の効力を確定させるため、相続分譲渡確認書中に、排除決定に対する**抗告権を放棄**する旨を明記しておく。

2　全部の相続人との合意

　調停手続外で、相手方全員との間で遺産分割に関し合意が成立した場合、もはや調停手続を維持する意味はないので、相手方らとの間で、手続外で、【書式 8】（105 頁）記載の「遺産分割協議書」等を取り交わし、**調停申立を取り下げる**ことになる。

　遺産分割調停の申立は、調停事件が終了するまで、申立人においていつでも取り下げることができ（家事法 273 条 1 項）、理由は不要で、原則として相手方の同意も不要である。ただし、**令和 3 年民法改正**により、**相続開始時から 10 年を経過**すると、改めて調停申立を要することになった場合、**特別受益や寄与分の主張が制限される**（民法 904 条の 3）ため、相手方のこれらの主張の機会を奪わないため、10 年経過後は、取下げには**相手方の同意**が必要となった（家事法 273 条 2 項）。

4 調停手続の進行

ステップ 7 - 2 - 4 ……調停手続の実際

第1回調停期日

　申立人側はＫ弁護士のみが出席し、相手方はＦ本人が出席した。

　相手方 d1 においては、事前に裁判所に連絡があり、第1回期日は欠席するとのことであった。裁判所（書記官）から今後の期日への出頭の可否を問い合わせたところ、申立書に添付した「遺産分割案に対する同意書」記載のとおり、「自分は、代償金として 210 万円を支払ってもらえれば、遺産はＸが相続することで構わない」「調停が成立するようであれば、その時点で調停に参加することは構わないが、わざわざ裁判所まで行きたくないし、他の相続人と顔を合わせたくないので、できれば電話で済ませて欲しい」「調停が成立するようであれば、事前に連絡してくれれば、その日は自宅で待機しているようにする」とのことであった。調停委員会としては、d1 が遺産分割案に同意していることから、当面は申立人（代理人であるＫ弁護士）とＦとで調停を進め、成立する目途が立ったところで、d1 に「電話会議」の方法で期日に参加してもらうことにするとのことであった。

　調停期日自体は、Ｋ弁護士とＦが交互に調停室に入室し、調停委員から個別に事情の聴取が行われた。

　調停委員は、まずはＫ弁護士から遺産の内容と評価、調停にいたる経過を聴取した後、Ｆから事情を聞き、その後、再度、Ｋ弁護士が調停室に入室した。

　調停委員からＫ弁護士に対して、Ｆは、①申立書添付の遺産目録

記載の遺産の他にも遺産があるのではないか、②預貯金・有価証券の残高等は認めるが、マンションの価格はもっと高額なのではないか、③共有による減額並びに葬儀費用及びXが負担した遺産分割に要した費用の控除は認められない、④XがYの生前にマンションの共有持分の贈与を受けているのは遺産の前渡しで、特別受益になるとの主張をしているとの説明があった。

調停委員からFに対しては、④については、民法改正で婚姻期間が長期にわたる夫婦間の住居の贈与は、特別受益にあたるとしても、相続分の算定では考慮されないことが通常になったと説明したところ、Fもわかっていたようで、④の主張は撤回するとのことであった。①②については、Fにおいて根拠資料を提出するよう調停委員から指示したとのことである。また、③の点は、法的にはFの主張するとおりではないかとの調停委員の意見が述べられ、申立人において、控除の主張を再考できないかを検討するよう指示があった。

その後、Fと交替し、再度、Fが調停室に入室し、調停委員からFに対し次回までの課題が再度確認され、次回期日を決定して期日は終了となった。

第2回調停期日

第2回期日も、K弁護士とFのみが出席し、Fから先に調停室に入室し、その後交替し、K弁護士が入室した。

調停委員によれば、Fから①その他の遺産の存在と、②不動産の評価に関する資料は提出されず、Fは、遺産については申立書添付の遺産目録記載のとおりでよいとのことで、マンションの評価もX主張のとおりでよいとのことであった。他方、③遺産からの控除には応じられないとのことなので、前回再考を指示した遺産からの控除について撤回できないかとの確認がされた。

K弁護士は、第1回期日後、Xと打合せの機会を持ち、第1回期日の内容を報告したうえで、受任当初から説明してきたとおり、他の相続人が同意する場合は控除することが可能であるが、同意しない限りは法的には控除することは難しいことを再度確認した。Xは

この点について十分に理解し、控除の主張の撤回に了解したうえで、「早々に控除を前提とした分割案に同意してくれた相続人に申し訳ない気がする」との感想を述べた。Xの感想を踏まえ、K弁護士は、調停委員に対し、「共有であることによる減額の主張は撤回する。葬儀費用と遺産分割のために要した費用の控除は、法的に認められないことは理解しているが、控除を前提に同意した他の相続人との公平を考慮して、現時点では主張を維持し、Fに対し、いくばくかでも控除を認めるよう説得していただきたい」旨主張した。

　Fと交替し、調停委員とFが話をした後、再度、K弁護士が調停室に入室し、双方同席にて、調停委員から、双方、控除の点について再度検討してくること、次回、控除に関する点で一致を見た場合には、Fは代償金支払による代償分割を希望しているので、代償分割により調停を成立させたい旨の説明がされた。

　また、調停成立の可能性があるため、次回期日にはd1にも電話会議で参加してもらう予定とのことで、調停委員からK弁護士とFの双方に、d1について電話会議で参加させることに差支えがあるかの確認がされ、双方、差支えはないとの意見を述べた。

　次回期日を決定して期日は終了となった。

1　電話会議

　家庭裁判所は、当事者が遠隔の地に居住しているとき、その他相当と認めるときは、当事者の意見を聴いて、家庭裁判所及び当事者双方が音声の送受信により同時に通話をすることができる方法によって、調停期日における手続を行うことができる（家事法258条1項・54条1項）。「家庭裁判所及び当事者双方が音声の送受信により同時に通話をすることができる方法」として、**電話会議システム**ないしは**テレビ会議システム**が利用されている（一部の裁判所においては、**ウェブ会議**を用いた期日の試行も行われている）。

　条文上、期日の手続を電話会議システム等によって行うためには、当事者の意見を聴く必要があるが、意見を聴取すれば足り、同意までは不

要である（片岡・遺産分割 36 頁）。

　調停には当事者全員が出頭することが必要であるところ、電話会議システム等を利用した者は**出頭したものとみなされる**（家事法 258 条 1 項・54 条 2 項）。出頭した当事者の間で合意に達した内容で調停を成立させることに異議がない場合には、主張の調整がある程度進むまでは出頭した当事者のみで調停を進め、調整がある程度進んだ段階で電話会議システム等により出頭させるといったように、柔軟な運用がされている。

　調停を成立させることも電話会議システム等によることが可能である。

2　調停の進行

　調停は、原則として**調停委員会**が行う（家事法 247 条 1 項本文）。調停委員会は、**裁判官 1 名**と通常は**調停委員 2 名**とで構成される。調停委員は、調停に一般市民の良識を反映させるため、社会生活上の豊富な知識経験や専門的な知識を持つ人の中から選ばれる（裁判所のウェブサイト https://www.courts.go.jp/saiban/zinbutu/tyoteiin/index.html）。

　調停手続の進行は調停委員 2 名により行われることが一般的で、**第 1 回期日**では、冒頭、当事者を同席させて、調停委員から**調停手続の説明**がされるが、当事者に弁護士の代理人が選任されている場合には、同当事者に対しては、同説明が省略ないしは簡略化されることが多い。その後は、当事者それぞれから**交互に事情を聴き**、調停委員において事実と問題点を整理し、当事者の主張を調整して合意の形成を図る。調停委員は、随時、調停委員会を構成する裁判官と**評議**を行い、調停委員会として手続を進める。

　1 回の期日は、**1 時間半から 2 時間程度**、時にそれ以上の時間を要することもあり、当該期日で調停が成立ないしは不成立とならない限り、当事者の都合を調整して**次回期日を指定し、続行される**。

　調停手続の進行においては、事実関係及び争点を整理し、円滑かつ迅速な解決を実現するため、確定すべき事項を一つひとつ**段階的**に確定しながら進めていく運用がされている。すなわち、①**相続人の範囲**の確定、

②**遺産の範囲**の確定、③**遺産の評価**、④**具体的相続分**の算定、⑤**分割方法**の決定の順に、それぞれの段階において当事者の合意を確認しつつ、最終的な合意を目指していく。

3　前提問題

①　遺言の有無・効力

遺産分割調停の手続を進行していく前提として、解決しておかなければならない問題（**前提問題**）がある。

例えば、遺言が存在し、これにより遺産の帰属が確定している場合には、遺産分割を行う余地はないので、遺言の存在及びその効力、解釈に関する当事者の認識を確認する必要がある。その結果、遺言により遺産の帰属が確定している場合は当然に、遺言の効力に争いがあるような場合でも、**遺言無効確認訴訟**等により別途効力の有無を確定する必要があるため、調停委員会から申立人に対し、調停申立の**取下げが促される**。

②　遺産分割協議の成立の有無・効力

遺産分割協議が成立している場合も遺産の帰属は確定し、分割する対象が存在しないため、遺産分割を行う余地がない。遺言が存在する場合と同様に**取下げが促される**。また、遺産分割協議の効力に争いがある場合でも、**遺産分割協議無効確認訴訟**等により別途効力の有無を確定する必要があるため、やはり取下げが促される。

4　段階的進行における各段階のポイント

①　相続人の範囲

相続人の範囲は、第2章**1**2②（30頁）において述べたとおり、**原則として戸籍等により確定される**が、被相続人との間の婚姻が無効（民法742条）である場合、被相続人に対し認知の訴え（民法787条）が提起されている場合など、戸籍に基づく相続人の範囲と実際の相続人の範囲が一致しないことがありうる。そのような場合に、当事者間に**相続人の範**

囲に関する**争いがあるとき**は、別途訴訟により親族関係を確定する必要があるため、調停委員会から申立人に対し、調停申立の**取下げが促される**。

② 遺産の範囲

遺産分割の対象となる遺産は、**相続開始時に存在し、かつ、分割時にも存在する未分割の遺産**（第２章**1** ３①ア（33頁））であるところ、調停手続においては、①被相続人の**生前または死亡後に処分された財産**、②遺産中の**不動産の賃料**、③**金銭債務・葬儀費用・遺産の管理費用**などについて、当事者から遺産分割の対象とすべきとの主張がされることが少なくない。いずれも法的には遺産分割の対象とはならないが、**当事者全員の同意**があれば遺産分割の対象としうる（相続開始後遺産分割前に処分された遺産については、処分した者の同意を得ることは要しない（民法906条の２第２項））。

また、申立人が申立時に遺産として示したもの以外にも遺産が存在するはずであるとの主張がされることもある。かかる遺産の存在は、主張する当事者が根拠とともに特定して主張するべきものであり、かかる主張がされない限りは存在しないものとして扱うほかはない。主張する当事者が同扱いに同意しない場合には、調停成立時の調停条項に「本調停後、別紙遺産目録記載の各財産以外に被相続人の遺産が判明した場合には、改めて相続人らで協議する。」といった条項を設けることで納得を得ることが考えられる。

以上に対し、特定の財産が**遺産に属する（ないしは属さない）ことについて争いがある場合**は、当該財産が被相続人の遺産に属すること（ないしは属さないこと）の確認を求める**遺産確認の訴え**により別途確定する必要があり、調停委員会から調停申立の**取下げが促される**。

③ 遺産の評価

個々の財産の評価方法については、第２章**1** ３（33頁）において解説したとおりである。**不動産の評価**が問題となることが多く、最終的には**鑑定**によることになる。不動産の現況及び権利関係といった鑑定の**前提**

となる事実が確定していることを要し、その確定を含めて時間を要すること、鑑定費用が必要となるところ、その負担割合について当事者間で協議がまとまらないことも少なくなく、鑑定によらずに、当事者の合意により評価額を確定できることが望ましい。

　この点、土地の評価については、公示価格・地価調査標準額の標準値（基準値）をもとにして、ないしは路線価を前提とする相続税評価額ないしは同金額を80%で割り戻し（80分の100を乗じ）た価額をもとにして、当事者の合意を調整する方法や、当事者双方から提出された不動産業者の査定書の中間値をもとに合意を調整する方法がとられている。建物については、固定資産税評価額を評価額とすることや、建築後相当程度年数が経過している場合には、取壊しや改築の必要性を考慮して、無価値と評価することも少なくない。

　なお、遺産が不動産の共有持分である場合、共有持分のみでの売却は困難ないしは事実上不可能ではあるが、遺産とはならない他の共有持分を相続人の一部が有しており、遺産である共有持分を同相続人が取得する場合や相続人が有する共有持分とともに売却して代金を分配するといった場合には、共有持分は不動産全体の価額に持分割合を乗じた価値を有することになることから、減額することは適当ではない。遺産分割においては、いずれかにより処理されることが多いことから、当然に減額されるわけではない。

④　具体的相続分の算定

　特別受益及び寄与分を考慮したうえで、当事者が実際に取得できる遺産額を算定することになる。特別受益及び寄与分並びにこれらを考慮した具体的相続分の算出方法については第2章■4（42頁）において解説したとおりである。

　特別受益及び寄与分の調整にあたっては、整理表を活用するなどして双方の主張を対照させ、それぞれの主張を立証する資料を提出させるといった運用がとられており、これらの主張を行う当事者においては、特別受益及び寄与分の各基礎となる事実を的確に主張し、証拠を提出しなければならない。これを争う当事者は、反論するとともに、反証を提出

する必要がある。

特別受益については、**持戻し免除の意思表示**の有無が問題となり、これを主張する者は、いかなる言動・行動が免除の意思表示となるかに加え、受益者と贈与者の置かれた状況やその関係性についても主張・立証する必要がある。**平成30年民法改正**により、**婚姻期間が20年以上の夫婦**の一方から他方に対する**居住の用に供する建物・敷地**の遺贈または生前贈与は、持戻し免除の意思表示が**推定される**（民法903条4項）。

なお、**令和3年民法改正**により、**相続開始後10年以上が経過**した後に申し立てられた遺産分割調停等においては、**特別受益及び寄与分の主張はできない**ことになったので、注意が必要である（第2章■4①（42頁）参照）。

⑤ 分割方法

遺産の分割方法には、①**現物分割**、②**代償分割**、③**換価分割**、④**共有分割**の4種類がある。①現物分割は、個々の財産の形状や性質を変更することなく分割するものであり、遺産分割の**原則的方法**といえる（片岡・遺産分割406頁）。②代償分割とは、一部の相続人に**法定相続分を超える額の財産**を取得させたうえで、**他の相続人に対する債務を負担**させる方法である（同410頁）。③換価分割とは、遺産を売却等により換価した後に、**代金を分配**する方法である（同412頁）。④共有分割とは、遺産の一部または全部を具体的相続分による**物権法上の共有**とする方法であり（同416頁）、共有関係を解消するため、最終的には**共有物分割訴訟**（民法258条）を要し、**抜本的な解決とはならない**ことから、他の方法がとれない場合の最後の手段とされる。

①現物分割が基本であるが、これによれない場合には、②代償分割を検討し、それによることもできないときは、③換価分割が検討される。よって、前記①から③の順にその採否が検討され、いずれにもよれない場合に、④共有分割を選択することになる。

相続人が配偶者と兄弟姉妹で、兄弟姉妹が複数名いる場合には、兄弟姉妹の相続分は比較的少額に留まるため、現物分割によることは困難で、配偶者が不動産を相続したうえで、**他の相続人に代償金を支払う**代償分

割の方法によらざるを得ないことが少なくない。また、配偶者が主導して不動産を換価し、代金を具体的相続分にしたがって分配する換価分割による場合もある。

　換価分割により調停を成立させる場合には、調停条項の中で、**最低売却価格、売却の期限、売却担当者、売却代金から控除する費用**、登記手続費用の負担、**売却が不成立となった場合の措置**及び当事者の売却に対する協力義務について定めておくべきである。なお、当事者の合意により不動産を共有としたうえで、**調停手続と並行して売却**し、売却代金を分割する調停を成立させるといった方法がとられることもある。

⑥　中間合意

　以上の**段階的進行**の各段階において争いとなり、調整の上合意した結果は、中間合意として、期日調書に合意内容が記載される実務運営がされている。これにより、手続における到達点を調停委員会と当事者が共有し、同合意を前提に次の段階の調整を行っていることが明確となり、段階的進行を実効的なものとすることができる。

5 調停が成立した場合と不成立の場合

ステップ 7 - 2 - 5 ……調停成立

第3回調停期日

　第3回期日には、K弁護士とFが出頭し、d1は電話会議の方法により参加した。

　K弁護士は、第2回期日後にもXと打合せの機会を持ち、従来の方針を確認したうえで、期日では、引き続き、いくばくかであっても遺産からの控除を認めて欲しい旨主張した。調停委員がFに確認したところ、他の相続人が控除を認めたことは理解しており、早期の解決を希望するので、100万円であれば控除を認めるとのことであった。

　K弁護士においては、相手方が同意しない限り控除が認められないこと、調停手続にまでいたっており、Fにも出頭等の手間がかかっていることから、100万円を遺産総額から控除し、遺産分割の対象となる遺産額を4400万円とし、同金額に対するFの法定相続分20分の1に相当する220万円を代償金としてFに支払うことで、遺産自体は全てXが相続するとの代償分割を成立させることに同意した。なお、代償金の支払期限は、余裕をもって調停成立後1か月後の日とした。

　d1においては、Fの代償金が220万円となったとしても、自身は協議段階で同意していた210万円で構わず、代償金の支払期限を調停成立後1か月後の日とすることでよいとのことであった。

　調停委員において、調停委員会を構成する裁判官と協議（評議）し、当事者において一致した遺産分割の内容を整理した【書式13】（150頁）記載の「調停条項」の案文を作成した。同案文を裁判官が読み

上げ、K弁護士・d1・Fに同内容で調停を成立させることを確認して、遺産分割調停が成立した。

調停調書の受領

調停成立の数日後、横浜家庭裁判所からK弁護士の法律事務所に調停条項を添付した調停調書ができ上がったとの連絡があり、K弁護士において調停調書を受領した。

調停条項の添付された調停調書は、遺産分割協議書や相続分譲渡証明書等と同様に、遺産分割の成立を証する書類として、マンションの相続登記や預貯金の解約・払戻等に必要となる。

引き続き、Xが相続したマンションについての相続登記、預貯金・株式等の解約・換価等の手続を行い、相続分の譲渡対価ないしは代償金の支払を速やかに行わなければならない。この点については、【ステップ8】遺産分割後の処理（186頁）へと続く。

調 停 条 項

1　申立人と相手方らは、被相続人（令和3年6月2日死亡）の相続人が、申立人、相続分譲渡人 a1、同 a2、同 B、同 c1、同 c2、亡 D、排除前相手方 E 及び相手方 F の9名であったこと、亡 D が令和4年2月1日に死亡したことにより、相手方 d1 が亡 D を相続し、同人の相続分を取得したことを確認する[1]。

2　申立人と相手方らは、相続分譲渡人 a1、同 a2、同 B、同 c1 及び同 c2 が本件申立より前にそれぞれの相続分を申立人に譲渡したことを確認する[2]。

3　申立人と相手方らは、排除前相手方 E がその相続分を申立人に譲渡して本件手続から排除されたことを確認する[2]。

4　申立人と相手方らは、第1項ないし前項により、本件遺産分割の当事者が申立人と相手方らの3名であることを確認する[3]。

5　申立人と相手方らは、別紙遺産目録[4]（省略）記載の財産が被相続人の遺産であることを確認する[5]。

6　申立人は、別紙遺産目録[4]（省略）記載の全ての遺産を取得する[6]。

7　申立人は、相手方 d1 に対し、前項の遺産を取得した代償として、210万円を支払うこととし、これを令和6年○月○日限り、相手方 d1 の指定する○○銀行○○支店の相手方 d1 名義の普通預金口座（口座番号○○○○○○○）に振り込んで支払う[7]。
　　ただし、振込手数料は申立人の負担とする[8]。

8　申立人は、相手方 F に対し、第6項の遺産を取得した代償として、220万円を支払うこととし、これを令和6年○月○日限り、相手方 F の指定する○○銀行○○支店の相手方 F 名義の普通預金口座（口座番号○○○○○○○）に振り込んで支払う[7]。
　　ただし、振込手数料は申立人の負担とする[8]。

9　相手方らは、申立人に対し、申立人が第6項により取得した遺

産の名義変更、解約・払戻及び換価の各手続に協力することとする[9]。

10　申立人と相手方らは、本件調停成立後に別紙遺産目録[4]（省略）記載の財産以外に被相続人の遺産が判明した場合には、同遺産の分割に関し別途協議することとする[10]。

11　申立人と相手方らは、以上をもって被相続人の遺産及びその分割に関する紛争が一切解決したものとし、本調停条項に定めるほか何らの債権債務のないことを相互に確認する[11]。

12　調停費用は、各自の負担とする[12]。

1　相続人（代襲相続人を含む）を確認したうえで、被相続人の相続開始後に死亡した相続人の相続人（二次相続の相続人）を確認する条項である。

2　相続分の譲渡が行われたことを確認し、調停申立後に相続分を譲渡した者について手続から排除されたことを確認する条項である。

3　最終的な本件遺産分割の当事者を確認する条項である。

4　調停手続において確認された遺産を目録により特定する。分割後の不動産登記手続、預貯金の解約・払戻及び有価証券の換価のため、不動産については登記事項証明書の項目及び記載内容、預貯金については金融機関・支店・預貯金の種類・口座番号、有価証券については銘柄及び株式数・口数等により特定して記載する。

5　遺産分割の対象となる遺産の範囲を確認する条項である。

6　代償分割の前提となる申立人が全ての遺産を取得する旨の条項である。

7　代償金の支払義務・支払時期・支払方法に関する条項である。

8　振込手数料の負担に関する条項である。

9　遺産分割調停成立後の手続への協力を確認する条項である。

10　別途遺産が判明した場合の取扱いに関する条項である。

11　清算条項。

12　調停費用の負担に関する条項。

1　調停が成立した場合

①　調停調書の記載

　当事者間に合意が成立し、これを調書に記載することにより調停は成立する（家事法 268 条 1 項）。遺産分割事件においては、調書の記載は**確定した審判と同一の効力**を有し（同項・同法 39 条）、金銭の支払、物の引渡し、登記義務の履行その他の給付を命ずる審判は、**執行力のある債務名義と同一の効力**を有する（同法 75 条 1 項）ので、当事者は調停調書により相続登記の手続が可能であり、代償金の支払がされない場合には、強制執行の手続をとることができる。

　調停成立後の不動産の名義変更、預貯金の解約及び代償金の支払等については、第 6 章において述べる。

②　期日に出頭できない者がいる場合の成立方法

ア　電話会議

　本章■ 1（141 頁）で述べたとおり、電話会議システム等を利用することで、実際には期日に出頭しなくても、出頭したものとして調停を成立させることができる。

イ　受諾手続

　当事者が遠隔地に居住していることその他の事由により期日に出頭することが困難であると認められる場合において、その当事者があらかじめ調停委員会から提示された**調停条項案を受諾する旨の書面**を提出し、他の当事者が調停期日に出頭して当該調停条項案を受諾したときは、当事者間に合意が成立したものとみなす（家事法 270 条 1 項）。

　受諾手続はあまり利用されていない（片岡・遺産分割 38 頁）といわれるが、出頭困難な当事者が事前に受諾することで、後記「調停に代わる審判」のように確定を待たずに、期日において確定的に調停を成立させることができることから、事前の受諾が得られることが確実な場合には、積極的な活用が期待される。

ウ　調停に代わる審判

　家庭裁判所は、調停が成立しない場合において相当と認めるときは、

当事者双方のために衡平に考慮し、一切の事情を考慮して、職権で、事件の解決のため必要な審判をすることができる（家事法284条1項本文）。同審判を「調停に代わる審判」という。

「調停に代わる審判」については、第5章**3**2（177頁）において解説する。

2 不成立の場合

調停委員会は、当事者間に合意が成立する見込みがない場合または成立した合意が相当でないと認める場合には、調停が成立しないものとして、調停事件を終了させることができる（家事法272条1項本文）。遺産分割事件では、不成立により調停事件が終了した場合には、調停の申立の時に、家事審判の申立があったものとみなされる（同条4項）ので、事件は当然に**審判手続に移行**する。

3 審判手続の概要

① 管轄

遺産分割に関する審判事件は、相続が開始した地を管轄する家庭裁判所の管轄に属する（家事法191条1項）。相続開始地は**被相続人の最後の住所地**である（民法883条）ので、被相続人の最後の住所地を管轄する家庭裁判所の管轄に属することになる。

不成立により終了した調停事件が係属していた家庭裁判所が被相続人の最後の住所地を管轄する家庭裁判所ではない場合、同裁判所は管轄裁判所に**移送**することになる（家事法9条1項本文）が、調停事件の当事者全員が調停事件の係属していた裁判所で処理されることを希望している場合等、事件を処理するために特に必要があると認めるときは、自ら処理することができる（**自庁処理**、同項ただし書）。

② 審理手続

ア　事実の調査

　家庭裁判所は、**職権**で事実の調査をし、必要と認める証拠調べを行う（家事法56条1項）。事実の調査は、証拠調べとは異なり、**自由な方式**で審判に必要な資料を収集することであり、職権で行われる。家事事件手続法には事実の調査の方法が規定されている（家事法58条ないし62条）が、規定されている方法に限られず、裁判所は、不成立となった調停手続において当事者から提出された書面等を調査し、審判の資料とすることができる。

　裁判所による事実の調査を踏まえ、当事者が主張・反論等を行う機会を保障するため、遺産分割事件において事実の調査をしたときは、裁判所は、特に必要がないと認める場合を除き、その旨を当事者に通知しなければならない（家事法70条）。

イ　当事者からの陳述聴取

　遺産分割についての審判手続においては、家庭裁判所は、原則として当事者の陳述を聴かなければならない（家事法68条1項）。

　当事者からの陳述の聴取は**事実の調査の方法の一つ**であるが、その方式に関する定めはなく、**審問の期日**において裁判官が当事者の陳述を直接聴く方法、家庭裁判所調査官の調査によって聴取する方法、書面による方法等により行われる。ただし、当事者の申出があるときは、審問の期日において行わなければならない（家事法68条2項）。

ウ　審理の終結・審判日の指定

　家庭裁判所は、遺産分割事件についての審判手続においては、原則として相当の猶予期間を置いて審理を終結する日を定めなければならない（家事法71条本文）が、当事者双方が立ち会うことができる**審判手続の期日**においては、直ちに審理を終結する旨を宣言することができる（同条ただし書）。

　家庭裁判所は、審理を終結したときは、審判をする日を定めなければならない（家事法72条）。審判手続の期日において審理を終結し、また、終結日を定める場合は、同期日で審判日を指定し、告知することになる。

③　付調停

　審判事件において、家庭裁判所は、いつでも、**職権**で事件を調停に付すことができる（家事法274条1項）。審判手続の途中で当事者間に合意が成立する見込みがあるような場合に、当事者の意思を尊重し、合意により事件を解決することを目指して調停が試みられることになる。なお、調停に付すにあたっては、裁判所は当事者の意見を聴かなければならないが（同項）、当事者の意見に拘束されることはない。

　調停は調停事件の管轄権を有する家庭裁判所に処理させなければならない（家事法274条2項本文）が、審判事件が係属している裁判所が自ら処理することもできる（**自庁処理**、同条3項）。審判手続における審理の結果を調停において活用するためである。

　調停が成立したときは、審判事件は終了し（家事法276条2項）、調停が不成立により終了した場合には審判手続が再開される。

④　審判

ア　審判書の作成・審判の告知

　審判は、審判書を作成して（家事法76条1項本文）、告知される（同法74条1項）。実務においては、告知の方法は審判書の謄本（正本）を**送達**する方法によって行われている（片岡・遺産分割50頁）。

イ　効力発生時期

　審判（申立てを却下する審判を除く）は、審判を受ける者（審判を受ける者が数人あるときは、そのうちの一人）に告知することによってその効力を生じるが、**即時抗告**をすることができる審判は確定しなければその効力を生じない（家事法74条2項）。審判は、即時抗告がされずに即時抗告期間が満了することにより確定し（同条4項・5項）、即時抗告期間は**審判の告知を受けた日から2週間**とされている（同法86条）。

　相続人が複数いる場合、即時抗告期間は、相続人ごとに、各自が審判の告知を受けた日から進行すると解されるが、告知を受けた日のうち最も遅い日から全員について一律に進行すると解する見解及びこれに基づく取扱いが広く行われている（最決平成15年11月13日民集57巻10号1531頁）ことから、相続人ごとに審判の告知を受けた日が異なるときは、

そのうちの最も遅い日から2週間が経過するまでは確定しないものと解される（片岡・遺産分割51頁）。

　なお、申立てを却下する審判は、申立人に告知することによってその効力を生ずる（家事法74条3項）。

ウ　審判の執行力

　金銭の支払、物の引渡し、登記義務の履行その他の給付を命ずる審判は、**執行力のある債務名義と同一の効力を有する**（家事法75条）ので、審判により遺産を取得した者は、確定した審判に基づき、不動産の登記手続や代償金未払による強制執行手続を行うことができる。

第 5 章

協議ができない場合

協議はできたが合意に達しなかった場合とは異なり、そもそも協議すらできないという場合がある。本章では、そのような協議ができない場合として、①所在不明の相続人がいる場合、②判断能力を欠く相続人がいる場合、③協議に応じない相続人がいる場合を取り上げ、遺産分割を成立させる方法を解説する。

1 所在不明の相続人がいる場合

【ステップ5】相続人への相続意思の確認（66頁）において、所在がわからない相続人がいた場合の対応方法を検討する。

ステップ5-2……相続人が行方不明の場合

相続人の意向確認結果

　K弁護士が、【ステップ4】相続人への初回通知（60頁）で発送した【書式1】（61頁）記載の「ご通知」に対し、a1・a2・B・c1・d1・E・Fとは連絡がつき、a1・a2は相続を希望せず、B・c1・d1・E・Fは相続を希望するとのことであった。なお、d2・d3はYの死亡後に死亡したYの相続人Dの相続を放棄しており、d1が単独で亡Dの有していた相続分を相続していた。

　これに対し、c2については、発送した「ご通知」が「あて所に尋ねあたりません」とのことでK弁護士のもとに返送されてきた。K弁護士は、c2の兄であるc1に、c2への連絡を依頼したが、兄弟ではあるものの付き合いは全くなく、数年前から行方がわからず、所在も電話番号も知らないとのことであった。

　やむを得ず、K弁護士は戸籍の附票に記載されているc2の最後の住所であるアパートの居室を訪ねたが、表札にはc2とは異なる者の氏名が掲げられており、同室の住人と話したところ、c2とは別人で、同人が入居した際、同居室は空室であったとのことだった。

不在者財産管理人の選任申立

　相続人の1人であるc2の所在が不明であるところ、戸籍謄本には死亡の記載はなく、生存していることになっており、c2を除いて遺産分割を成立させることはできない。所在がわからないままで

は出頭が期待できず、家庭裁判所に調停を申し立てることもできない。

　K弁護士は、Xの了解を得たうえで、c2の「不在者財産管理人」の選任を申し立てることとし、c2の戸籍謄本、戸籍の附票、これまでの経過とK弁護士が附票上の最後の住所を訪問した際の状況等をまとめた報告書等を添付して、○○家庭裁判所に、Xを申立人、c2を不在者とする不在者財産管理人選任の申立を行った。

　これと並行して、K弁護士は、相続を希望しないa1・a2からは、【ステップ6】分割案の提案（77頁）及び【ステップ7】協議の成立（93頁）と同様の方法・流れにより、相続分を無償で譲渡を受け、「相続分譲渡証明書」（【書式3】（80頁）参照）「相続分譲渡確認書」（【書式4】（81頁）参照）と印鑑登録証明書を取り付けた。

　相続を希望するB・c1・d1・E・Fには、【ステップ6】分割案の提案（77頁）と同様の方法で分割案に関する「ご提案」（【書式5】（83頁）参照）を送付し、全員の同意を取り付け、【ステップ7－2】協議の不成立（分割案への不同意）（108頁）と同様に、B・c1・E・Fからは、前記「相続分譲渡証明書」「相続分譲渡確認書」印鑑登録証明書に加え、「相続分譲渡の対価に関する合意書」（【書式9】（110頁）参照）を取り付けた。

　d1については、二次相続の相続人であることから、相続分の譲渡という方法はとらず、【書式10】（112頁）記載の「遺産分割案に対する同意書」を取り付けた。

不在者財産管理人との遺産分割

　K弁護士による不在者財産管理人選任申立に対し、○○家庭裁判所は、甲弁護士をc2の不在者財産管理人に選任した。

　K弁護士は、甲弁護士と連絡をとり、c2の所在調査の状況を報告するとともに、Yの遺産分割に関し、相続人及び遺産の状況を説明し、【ステップ3】方針の決定中の相続人関係図（令和5年3月31日時点：確定）（51頁）及び遺産目録（令和5年3月31日時点：

確定）（52 頁）並びにマンションの登記事項証明書、固定資産評価証明書、不動産業者の査定書、預貯金通帳、有価証券取引残高証明書、c2 と d1 以外の相続人から取り付けた「相続分譲渡確認書」等及び d1 から取り付けた「遺産分割案に対する同意書」の各写しを提供した。

そのうえで、マンションにつき共有持分であることから減額し、葬儀費用及び遺産分割に要した費用を遺産から控除してもらいたいが、○○家庭裁判所から許可が得られないようであれば、これらを控除せず、遺産総額 4500 万円の 40 分の 1（c2 の法定相続分）相当額 112 万 5000 円を c2 に対する代償金として不在者財産管理人に支払い、遺産自体はＸが相続するという代償分割によることを提案した。

後日、甲弁護士より、○○家庭裁判所と協議したが、前記減額と控除を認めることはできないので、代償金を 112 万 5000 円とする代償分割によることにされたいとの連絡があった。Ｋ弁護士は、Ｘに確認し、同意を得たうえで、甲弁護士の回答を了承した。その後、甲弁護士において○○家庭裁判所から正式に遺産分割協議を成立させることの許可を得て、Ｋ弁護士は、甲弁護士と d1 との間で、同人らに対し代償金を支払い、遺産自体はＸが相続するとの遺産分割協議書を取り交わし、印鑑登録証明書を取り付けて、遺産分割が成立した。

引き続き、Ｘが相続したマンションについての相続登記、預貯金・株式等の解約・換価等の手続を行い、相続分の譲渡対価ないしは代償金の支払を速やかに行わなければならない。この点については、【ステップ8】遺産分割後の処理（186 頁）へと続く。

1　相続人が所在不明の場合の遺産分割の方法

　相続分を有する者の一部が参加しない遺産分割は無効となるため、所在不明で遺産分割に参加しない者がいる場合、そのままでは遺産分割を成立させることができない。

　戸籍上死亡の記載はないが、住民票上の住所に居住しておらず、所在不明の者は、**「従来の住所又は居所を去った者」**として**「不在者」**に該当し（民法25条1項）、利害関係人の申立により、家庭裁判所は**不在者財産管理人**を選任する。不在者財産管理人が参加することで遺産分割を有効に成立させることができる。

2　不在者財産管理人の選任方法

　不在者財産管理人が選任されるには、次の3つの要件が必要である（片岡・財産管理147頁）。

　①不在者自身において財産を管理することができないこと

　②利害関係人または検察官からの申立があること（民法25条1項）

　③管理すべき財産が存在すること

　利害関係人とは、不在者の財産の管理・保存について、法律上の利害関係を有する者であり（片岡・財産管理152頁）。不在者とともに遺産分割の当事者となる者は利害関係人にあたる。

　選任を求める審判事件は、不在者の**従来の住所地または居所地**を管轄する家庭裁判所の管轄に属する（家事法145条）。

　申立は申立書を管轄裁判所に提出することによりなされる（申立書の書式は裁判所のウェブサイト https://www.courts.go.jp/saiban/syosiki/ syosiki_kazisinpan/syosiki_01_05/index.html 参照）が、申立人や不在者の特定、申立人の利害関係、不在者の不在の事実、管理すべき財産の状況等を把握するために資料の添付が必要となる（片岡・財産管理154頁）。具体的には、**不在者の戸籍謄本・戸籍の附票**、申立人と不在者との**関係がわかる書類（戸籍謄本等）**、「あて所に尋ねあたりません」との理由が付されて**返送された郵便**や申立人等による**現地調査の報告書**といった**不**

在の事実を明らかにする資料、不在者の財産を明らかにする不動産登記事項証明書や預貯金通帳の写しといった資料等である。遺産分割のために不在者財産管理人の選任を求める場合には、これらのほか、**被相続人の死亡を明らかにする除籍謄本**、**相続人を明らかにする戸籍謄本等**一式、遺産を明らかにするための被相続人についての**不動産登記事項証明書**や**預貯金通帳**等の各写しも添付する必要がある。

　管理に要する費用は不在者の財産から支出されるが、不在者に現金・預貯金等の換価が容易な資産が存在しない場合や存在するか否かが明らかではない場合には、管理人の報酬を含めた管理に要する費用の引当として、申立人に30万円から50万円程度を**予納**させている。

　申立にあたり、申立人は管理人候補者を推薦することができるが、推薦された者を選任するか否かは裁判所の裁量に委ねられており、遺産分割を目的とした選任申立では、申立人と不在者の利害が対立するため、申立人が推薦した者を選任することには慎重である。

3　不在者財産管理人の権限

　不在者財産管理人は不在者の**法定代理人**であり（片岡・財産管理169頁）、管理人が民法103条に規定する権限（**保存行為・利用行為・改良行為**）を超える行為をするときは、家庭裁判所の許可を得なければならない（同法28条）。**権限外行為の許可**は、家事事件手続法別表第1（同表55項）の事件として、審判事件として申立を要する。

4　管理人との遺産分割で注意すべき点

　遺産分割を成立させることは、民法103条所定の行為の範囲を超える行為であるので、不在者財産管理人の申立により、家庭裁判所の**権限外行為の許可**を得る必要がある。許可を得るためには、遺産分割の内容が不在者の権利を害するものであってはならず、法令・裁判例に基づいて不在者が得られる遺産額を下回る内容の場合、特別の事情がない限りは、許可を得ることは難しい。不在者の**法定相続分に基づいて算定した**

金額以上の遺産を不在者に取得させなければならない。

　遺産の評価を実勢価格に比して明らかに低額に評価するとか、法律上、遺産分割の対象とはされない被相続人の金銭債務や遺産の管理費用を遺産額から控除することは、不在者の取得額を減少させることになるため、当然には認められない。

5　処理の進め方

　不在者財産管理人が選任されることを前提として、不在者以外の相続人との間では、同意が得られる限り、葬儀費用や管理費用、不動産が共有であることによる減額等を考慮したうえで、**相続分の譲渡**を得ておき、遺産分割の当事者を減らしておくことは、第4章**１**（108頁）と同様である。二次相続の相続人については、相続分の譲渡によった場合の登記費用と課税上の問題から、相続分の譲渡によらず、遺産分割案に同意していることを確認するにとどめることも同様である（同2③ア（115頁）参照）。また、不在者の相続分が小さい場合、**代償分割**の方法により、不在者が**代償金**を取得することは不在者の利益を害するものではない。代償分割を採用することは可能である。

　遺産分割を進めようとする者としては、不動産登記事項証明書及び不動産業者の査定書等、遺産の内容とそれらの評価を明らかにする資料を不在者財産管理人選任申立書に添付するとともに、不在者財産管理人に対し、不在者が取得する遺産額を明らかにして、その理解を得る。また、権限外行為の許可申立を円滑にできるように協力する。

　不在者財産管理人の同意が得られた場合、同管理人及び引き続き相続分を有している相続人との間で**遺産分割協議書**を取り交わして遺産分割を成立させる。

6　遺産分割成立後の不在者財産管理人

　家庭裁判所は、①**不在者が財産を管理することができるようになったとき**、②**管理すべき財産がなくなったとき**、③その他**財産の管理を継続**

することが相当でなくなったとき、④不在者が管理人を置いたときは、管理人等の申立または職権により、**管理人選任の取消の審判**をし（家事法147条、民法25条2項）、これにより管理人の管理は終了する。

遺産分割が成立しても、それにより不在者が取得した遺産が存在する限り、また、遺産以外に不在者に財産がある限りは、**不在者が帰来**し、財産を管理することができるようになる場合や、**不在者の死亡**が明らかになるなどといったことがなければ、不在者財産管理人の任務は終了せず、管理を継続することになる。

従来は、遺産分割で取得する遺産以外には不在者の財産が明らかでなく、不在者の帰来の可能性が低いような場合には、不在者が取得する遺産額を不在者が**帰来した際**に代償金として支払うこととして、不在の間は遺産を取得した者に代償金支払義務を負わせたままとする内容の遺産分割を行ったうえで、選任を取り消し、管理を終了させる取扱いが行われていた。**令和3年家事事件手続法改正**により、同法147条の「管理すべき財産がなくなったとき」に「管理すべき財産の全部が**供託**されたときを含む」こととされ、供託により選任が取り消されうることになった。

判断能力を欠く相続人がいる場合

【ステップ5】相続人への相続意思の確認（66頁）において、判断能力を欠く相続人がいた場合の対応方法を検討する。

ステップ5‑3 ⋯⋯相続人が判断能力を欠く場合

相続人の意向確認結果

　K弁護士が、【ステップ4】相続人への初回通知（60頁）で発送した【書式1】（61頁）記載の「ご通知」に対し、a1・a2・c1・c2・d1・E・Fとは連絡がつき、a1・a2は相続を希望せず、c1・c2・d1・E・Fは相続を希望するとのことであった。なお、d2・d3はYの死亡後に死亡したYの相続人Dの相続を放棄しており、d1が単独で亡Dの有していた相続分を相続していた。

　一方、Bについては、娘からK弁護士の事務所に電話があり「母Bは認知症で、2年前から特別養護老人ホームに入所しており、娘である私のことを覚えているのかどうかも怪しいくらいで、他の親族のことは誰であるかが全くわからず、自分の年齢や財産のこともわからない状態である。Yさんが誰かもわからないし、遺産を相続するかどうかを確認することも無理である」とのことであった。

　K弁護士からBの娘に対し、成年後見人という制度を知っているか、成年後見人は選任されているかを確認したところ、成年後見人は選任されていないが、Bが所有する不動産を処分するため、成年後見人の選任を考えていたところだったとのことであった。

当面の対応

　相続人の1人であるBが判断能力を欠いている状態であるところ、Bの意思を確認せずに遺産分割を成立させることはできず、成

年後見人が選任されていない状態では、家庭裁判所に遺産分割調停を申し立てることもできない。

　成年後見人の選任を考えているところだったとのことから、Ｋ弁護士は、Ｂの娘に対し、今回の遺産分割で100万円程度の現金は相続できると思うので、自宅の売却等で必要ならば、できれば成年後見人を選任して欲しい旨を依頼した。その際、成年後見人を選任するには手間がかかり、遺産分割といった問題が発生していると、弁護士等の親族以外の専門家が成年後見人に選任される可能性が高く、成年後見人への報酬が定期的に発生すること、Ｂが亡くなるまで成年後見人が選任されたままの状態が続くことなども説明した。

　Ｂの娘は、既に弁護士に相談しており、成年後見人には弁護士等が選任されるであろうこと、報酬の負担がかかることなどは聞いているが、選任する方向で考えてみるとのことであった。

　Ｋ弁護士は、以上の経過をＸに報告し、成年後見人が選任されるかは未確定であるが、しばしの間、選任されるか否か様子を見ることとし、並行して、他の相続人に対する対応を進めることとした。

　Ｋ弁護士は、相続を希望しないa1・a2からは、【ステップ6】分割案の提案（77頁）と【ステップ7】協議の成立（93頁）と同様に、相続分を無償で譲渡を受け、「相続分譲渡証明書」（【書式3】（80頁）参照）「相続分譲渡確認書」（【書式4】（81頁）参照）と印鑑登録証明書を取り付けた。

　成年後見人が選任されるか否かが未確定で、遺産分割の成立の目途が立っていないため、相続を希望するc1・c2・d1・Ｅ・Ｆには、相続人の一部に判断能力を欠く者がおり、成年後見人が選任されない限り遺産分割を成立させることができないことを説明し、成年後見人が選任された場合には改めて連絡するので、その際は引き続き遺産分割に協力して欲しい旨を依頼した。

成年後見人の選任

　3か月近くが過ぎたころ、Ｋ弁護士のもとに乙弁護士から電話が

あり、Ｂの娘の依頼により、Ｂの娘を代理して、Ｂの成年後見開始の申立を行い、乙弁護士自身がＢの成年後見人に選任されたとのことであった。Ｋ弁護士は、乙弁護士から、成年後見人に選任された旨の記載がある審判書をＦＡＸしてもらい、選任を確認した。

　Ｋ弁護士は、Ｂに成年後見人が選任されたことを受け、成年後見人である乙弁護士との遺産分割協議に先立ち、相続を希望するｃ1・ｃ2・ｄ1・Ｅ・Ｆに、【ステップ６】分割案の提案（77頁）と同様に、分割案に関する「ご提案」（【書式５】（83頁）参照）を発送し、全員の同意を取り付け、【ステップ７－２】協議の不成立（分割案への不同意）（108頁）と同様に、ｃ1・ｃ2・Ｅ・Ｆからは、「相続分譲渡証明書」「相続分譲渡確認書」印鑑登録証明書に加え、「相続分譲渡の対価に関する合意書」（【書式９】（110頁）参照）を取り付けた。

　ｄ1については、二次相続の相続人であることから、相続分の譲渡という方法はとらず、【書式10】（112頁）記載の「遺産分割案に対する同意書」を取り付けた。

成年後見人との遺産分割

　Ｋ弁護士は、乙弁護士から乙弁護士が成年後見人に選任されたことの記載のある成年後見登記事項証明書の原本の提供を受け、Ｙの遺産分割に関し、相続人及び遺産の状況を説明し、【ステップ３】方針の決定中の相続人関係図（令和５年３月31日時点：確定）（51頁）及び遺産目録（令和５年３月31日時点：確定）（52頁）、マンションの登記事項証明書、固定資産評価証明書、不動産業者の査定書、預貯金通帳、有価証券取引残高証明書、Ｂとｄ1以外の相続人から取り付けた「相続分譲渡確認書」等及びｄ1から取り付けた「遺産分割案に対する同意書」の各写しを提供した。

　そのうえで、マンションにつき共有持分であることによる減額分、葬儀費用及び遺産分割に要した費用を遺産から控除してもらいたいが、成年後見人を監督する〇〇家庭裁判所から了解を得られないようであれば、これらは控除せず、遺産総額4500万円の40分の1

（Bの法定相続分）相当額112万5000円を代償金として成年後見人に支払い、遺産自体はXが相続するという代償分割によることを提案した。

　後日、乙弁護士より、〇〇家庭裁判所と協議したが、減額や控除を認めることはできないので、代償金を112万5000円とする代償分割によることにされたいとの連絡があった。K弁護士は、Xに確認し、同意を得たうえで、乙弁護士の回答を了解した。その後、K弁護士は、乙弁護士とd1との間で、同人らに対し代償金を支払い、遺産自体はXが相続するとの遺産分割協議書を取り交わし、印鑑登録証明書を取り付けて、遺産分割が成立した。

　遺産分割成立後のマンションについての相続登記、預貯金・株式等の解約・換価等の手続、現金の支払を受けることになった相続人への代償金ないしは相続分譲渡の対価の支払については、【ステップ8】遺産分割後の処理（186頁）へ続く。

1　相続人が判断能力を欠く場合の遺産分割の方法

　相続分を有する者の一部に**判断能力を欠く者**がいる場合、遺産分割を成立させても遺産分割は無効となる。判断能力を欠く者には、**成年後見人**を選任し、成年後見人が**法定代理人**として遺産分割に参加し、遺産分割を成立させることになる。

2　成年後見人の選任方法

　成年後見は、申立権者による申立に基づき、家庭裁判所による**後見開始の審判**があったときに開始され（民法7条・同法838条2号）、後見開始の審判をするときは、家庭裁判所は**職権**で、成年後見人を選任する（同法843条1項）。

　後見開始の申立権者は、本人、**配偶者、4親等内の親族**、未成年後見人、未成年後見監督人、保佐人、保佐監督人、補助人、補助監督人また

は検察官であるが（民法 7 条）、配偶者または 4 親等内の親族が申立人となることが通常である。また、**市区町村長**が申立をすることができる場合がある（老人福祉法 32 条等）。

後見開始の審判事件は、**成年被後見人となるべき者の住所地**を管轄する家庭裁判所の管轄に属する（家事法 117 条）。

申立は申立書を管轄裁判所に提出することによりなされる（申立書の書式は裁判所のウェブサイト https://www.courts.go.jp/saiban/syosiki/syosiki_kazisinpan/syosiki_01_01/index.html 参照）が、添付資料として、**本人の戸籍謄本**及び**戸籍の附票**、**成年後見等の登記がされていないことの証明書**、家庭裁判所が定める様式による本人の**診断書**、本人の**財産の目録・収支予定表**及びこれらの根拠となる資料（不動産登記事項証明書、預貯金通帳及び年金の支払額通知書等の各写し）、**事情説明書**、**親族関係図**及びその他の各家庭裁判所が定める書類等が必要となる。

成年後見人の選任にあたっては、成年被後見人の心身の状態並びに生活及び財産の状況、成年後見人となる者の職業及び経歴並びに成年被後見人との利害関係の有無、成年被後見人の意見その他一切の事情が考慮される（民法 843 条 4 項）。申立人は後見人候補者を推薦することができ、申立人自身または他の親族を推薦することもできるが、推薦された者を選任するか否かは**裁判所の裁量**に委ねられている。遺産分割を目的とした選任申立の場合は、選任後の遺産分割に法的判断を要することから、弁護士等の専門家が選任されることが少なくない。

3　成年後見人の権限

後見人は、被後見人の**財産を管理**し、かつ、その財産に関する法律行為について被後見人を**代理**する（民法 859 条 1 項）。後見人に付与される代理権は、被後見人の**財産行為全般**に広く及ぶ（片岡・財産管理 14 頁）。他方で、後見人はその事務処理について**家庭裁判所の監督**を受け（同法 863 条・846 条）、家庭裁判所に対し、後見事務について定期的に報告しなければならない。後見事務が適法・適正に処理されなければならないことは当然で、重要な財産に関する行為を行う場合には、裁判所の許可

を要する**居住用不動産の処分**（同法859条の3）に該当しなくても、事実関係を含めて裁判所に事前に報告し、裁判所から異議が出ないことを確認したうえで行うべきとされている。

4　成年後見人との遺産分割で注意すべき点

　成年後見人は遺産分割を成立させる権限を有しているが、**家庭裁判所の監督**に服することから、遺産分割の内容が被後見人の権利を害するものであってはならず、法令・裁判例に基づいて被後見人が得られる遺産額を下回る内容の場合、特別の事情がない限りは、遺産分割を成立させることはできない。被後見人が有する**法定相続分**に基づいて算定した金額以上の遺産を被後見人に取得させなければならない。

　遺産の評価を実勢価格に比して明らかに低額に評価するとか、法律上、遺産分割の対象とはされない被相続人の金銭債務や遺産の管理費用の額を遺産額から控除することは、被後見人の取得額を減少させることになるため、当然には認められない。

　被後見人の相続分が小さい場合、**代償分割**の方法により被後見人が**代償金**を取得することは、被後見人の利益を害するものではないので、分割方法につき代償分割を採用することは可能である。

　遺産分割を進めようとする者としては、不動産登記事項証明書及び不動産業者の査定書等、遺産の内容とそれらの評価を明らかにする資料を成年後見人に提供し、被後見人が取得する遺産額を明らかにして理解を得るとともに、成年後見人による裁判所に対する報告が円滑になされるように協力する必要がある。

　後見人の同意が得られた場合、後見人及び他の相続人との間で**遺産分割協議書**を取り交わし、分割を成立させる。

5　処理の進め方

　判断能力を欠く者の近しい親族が、申立人となって**後見開始の申立をしてくれるか否か**が問題となる。遺産分割を求めている者が申立権を有

する場合、自ら開始の申立を行うことも考えられるが、申立書に添付する**診断書**等を確保することは困難で、近しい親族が申立を行ってくれなければ、成年後見人を選任することは事実上困難である。

　近しい親族を粘り強く説得するほかはないが、後見が開始された場合、**被後見人が死亡するまで後見が継続**することが通常で、遺産分割が成立した後も成年後見人が本人の法定代理人として本人の財産管理等を行っていく。裁判所への定期報告には一定の事務負担があり、親族以外の**第三者の専門家**が後見人に選任されると、被後見人の財産から定期的に相当額の**報酬金**の支払を要することにもなる。これらの点を伏し、成年後見人を選任すれば遺産を取得することができるといった説明のみで後見人の選任を求めた場合、遺産分割以外に後見人選任の必要がなかったようなときは、想定外の事態となった被後見人の親族との間でトラブルとなることもある。最低限、後見人選任により被後見人や近しい親族に何らかの負担が生じる可能性があることには触れておくべきである。むしろ、これらの説明を行ったうえで、近しい親族の説得のためには、申立と選任後の事務、費用の負担を考慮して、遺産分割を求める者自身の相続分の中から、後見人選任を要する相続人の取得額に相当額の上乗せをすることを検討し、提案することを考えるべきである。

　いずれにしても、判断能力を欠く者以外の相続人との間では、それらの相続人の同意が得られる限り、葬儀費用や遺産の管理費用、不動産の共有持分であることによる減額等を考慮したうえで、**相続分の譲渡**を得ておき、遺産分割の当事者を減らしておくことは、第4章**1**（108頁）と同様である。ただし、後見開始の申立がされるか否かが未定の段階においては、遺産分割が成立するか否か、成立するとしてもその時期等は未定であることから、相続を希望する者との間で、代償金相当額を対価とする**相続分の有償譲渡**を約束することは、対価の支払を遺産分割の成立後とする場合、遺産分割がいつまでも成立しないと、対価支払を期待している譲渡人の期待を裏切ることになる。遺産分割の成立にかかわらず、譲渡時ないしは譲渡後速やかに、自己の財産から対価の支払ができるような場合でなければ、相続分の譲渡は慎重に進める必要がある。二次相続の相続人については、相続分の譲渡によった場合の登記費用及び

課税上の問題から、相続分の譲渡によらず、遺産分割案に同意していることを確認するにとどめることが無難である（第4章**1**2③ア（115頁）参照）。

6　選任申立に協力が得られない場合

　近しい親族が、どうしても後見開始の申立をしてくれない場合、判断能力を欠いているというのは、近しい親族からの情報によるのみであり、遺産分割を求めている者においては、同相続人が真に判断能力を欠いているか否かを確定的に認識できているわけではない。そこで、判断能力を有している前提で、同相続人を相手方に含めて**遺産分割調停の申立**を行うことが考えられる。その際、申立の理由や事情説明書において、近しい親族との間のやり取りを紹介し、判断能力に問題がある可能性を有していることを**裁判所に情報提供**しておくべきである。

　申立に対し、近しい親族から裁判所に、判断能力を欠く旨の連絡があれば、裁判所から**診断書**等の判断能力に関する資料の提出が指示されたり、成年後見人の選任申立を促してくれたりする可能性がある。

　それでもなお近しい親族の協力が得られない場合や申立時点で判断能力を欠くことが明らかな場合、「家事事件の手続が遅滞することにより」遺産分割を成立させることができない、ないしは成立が大幅に遅延してしまうといった「損害が生ずるおそれがある」として、**特別代理人**が選任され（家事法19条1項）、判断能力を欠く者を特別代理人に代理させることで、手続を進行させられる場合がある（逐条解説112頁）。ただし、特別代理人は、性質上、**当該事件に限り**、手続の遅延を避けるために**暫定的に**選任される**手続上の法定代理人**であり、手続行為をするには手続が係属している**裁判所の個別の授権**が必要であることから（同条4項、逐条解説114頁）、調停を成立させることができるかには疑問が残り、調停は不成立となり、**審判手続**による可能性がある。

　なお、判断能力を欠く者は高齢であることが多いため、しばし様子を見ることとして、同人の死亡後に同人の相続人を遺産分割の当事者として遺産分割を行うことも考えられる。

3 協議に応じない相続人がいる場合

【ステップ7】協議の成立（93頁）において、所在はわかり、連絡もとれていた相続人と連絡がとれなくなった場合である。

1 協議不成立・調停申立

ステップ7-3……協議の不成立（調停不出頭）

一部の相続人による連絡拒否

　相続を希望しない a1 から、【書式3】（80頁）記載の「相続分譲渡証明書」と【書式4】（81頁）記載の「相続分譲渡確認書」（いずれも署名・捺印あり）、印鑑登録証明書を取り付けることができた。また、相続を希望する相続人全員から、【書式5】（83頁）記載の「ご提案」による分割案に同意を得ることもできた。

　ところが、【ステップ5】相続人への相続意思の確認（66頁）で相続を希望しないとの意向を示し、Xに対し相続分を譲渡することも了解していた a2 からは、「相続分譲渡証明書」等が返送されてこなかった。K弁護士は a2 に何度か電話したが、なかなか電話に出てもらえず、ようやく電話に出てくれた際に、「相続分譲渡証明書」等の返送をお願いしたところ、a2 からは、「相続するつもりはないが、印鑑登録証明書を提出するのは、悪用されると怖いので嫌だ」「関わりたくないので、電話はしてこないで欲しい」と言われた。K弁護士は、「相続を希望しないのであれば、『相続分譲渡証明書』等を提出してもらいたい」「印鑑登録証明書は相続の手続以外には使用しない」「どうしても印鑑登録証明書を提出するのが嫌であれば、家庭裁判所で相続放棄の手続をとってもらうことでもいい」と説明

したが、a2 は、「関わりたくない」の一点張りであったため、K弁護士は、「本日はお電話を切らせていただくが、提出も放棄の手続も無理であれば、a2 様を相手方として調停を申し立てなければならなくなるので、再度、考えていただきたい」と伝え、電話を切った。

その後も「相続分譲渡証明書」等の返送はなく、連絡もないので、K弁護士は、a2 に対して改めて電話をしてみたが、何度かけても、以後、a2 は電話に出なかった。この間、a2 の姉である a1 に電話し、a1 から a2 にお願いしてもらえないかを聞いてみたが、a2 から a1 に電話があり、自分は印鑑登録証明書を出すのは嫌なので、この件では電話をしてこないようにと言われたとのことであった。

協議不成立後の処理

相続人の1人である a2 から遺産分割に必要な書類の提出を受けることができず、協議を継続することもできない状態となったことから、遺産分割協議の成立の目途が立たなくなったため、K弁護士は、Xと打ち合わせを行い、〇〇家庭裁判所に対し、遺産分割調停の申立を行うこととし、Xから手続代理委任状を取り付けた。

調停手続では、相続の意思がない相続人と分割案に同意してくれた相続人に負担をかけないため、また、当事者が多数となることによる事務負担と長期化等を避けるため、手続の相手方をできる限り限定することにした。

K弁護士は、B・c1・c2・E・Fに事情を説明し、有償での相続分の譲渡に了解を得ることができた。K弁護士は、B・c1・c2・Eに、「相続分譲渡証明書」（【書式3】（80頁）参照）及び「相続分譲渡確認書」（【書式4】（81頁）参照）とともに、遺産分割成立後、遺産中の預貯金の解約払戻が済んだ時点を支払期限として、譲渡の対価の支払を約束する「相続分譲渡の対価に関する合意書」（【書式9】（110頁）参照）を送付し、同各書面（署名・捺印あり）と印鑑登録証明書の返送を受けた。

他方、d1 はYの相続人Dの相続人であり、二次相続の相続人の

地位にあることから、第3章④4（103頁）で述べたとおり、遺産分割成立後の登記手続の費用と課税上の問題（【補足解説⑤】（192頁）・【補足解説⑥】（198頁）参照）がある。K弁護士は、d1に対し、遺産分割協議が不成立になり、家庭裁判所での調停手続が必要になったことと、d1から相続分の譲渡を受けた場合の問題点を説明したうえで、d1も調停手続の相手方とせざるを得ない旨を伝えた。そのうえで、引き続き従来の分割案に同意してもらえるのであれば、調停手続には電話で参加するといった方法もあり、できるだけ負担がかからないようにする旨も伝えた。d1からは、それほど負担がかからないのであれば、調停手続に協力するし、従来の分割案で構わないとの回答を得ることができた。K弁護士は、以上のやり取りを明確にするため、d1にお願いし、遺産分割案に同意する旨の書面（【書式10】（112頁）参照）を取り付けた。

　なお、K弁護士は、B・c1・c2・d1・E・Fに対し、裁判所での手続を要するため、遺産分割の成立・代償金の支払までには時間がかかることを十分に説明し、了解を得た。

調停の申立

　K弁護士は、Xを代理して、a2とd1を相手方として、〇〇家庭裁判所に対し、Yの遺産についての遺産分割調停を申し立てた。

　a2とd1以外の相続人を当事者から除外するため、他の相続人から取り付けた「相続分譲渡確認書」と印鑑登録証明書の各写しを申立書に添付した。また、遺産とその評価については、【ステップ3】方針の決定中の遺産目録（令和5年3月31日時点：確定）（52頁）と同内容の遺産目録を添付し、マンションの登記事項証明書、固定資産評価証明書、不動産業者の査定書、預貯金通帳、有価証券取引残高証明書の各写しを添付した。

　申立書の中では、申立にいたる経過を詳細に記載し、a2については、相続の意思がなく、Xへの相続分譲渡を了解していたこと、印鑑登録証明書の提出に難色を示し、連絡が取れなくなっているが、最後に連絡が取れた際にも、書面の提出には応じられないが、相続

する意思はなく、Yの相続に関する件には関わりたくない旨述べていたことを主張した。また、d1については、協議時に提案した分割案のとおり、代償金210万円の支払を受け、遺産はXが取得することに同意していることを述べ、d1から取り付けた遺産分割案に同意する旨の書面の写しを添付した。

以上を前提に、遺産は全てXが相続する旨の遺産分割を求めた。

① 協議に応じない者に対する対応

遺産分割の当事者が協議に応じない場合、まずは粘り強く協議に応じるよう説得し、協議の成立を目指すべきである。遺産の取得を希望していないにもかかわらず、当該相続人を遺産分割から除外するための書類の提出に応じない場合がある。**印鑑登録証明書**のような重要書類の提出を躊躇していたり、そもそも相続に関わりたくなかったりというのが理由であることが多く、関わりたくないとの意思を翻させることは簡単ではない。執拗に説得することで、却って頑なになってしまうこともある。

遺産分割の内容や書類の提出に同意している近しい親族を通じて説得してもらうことを試み、それでも翻意しない場合には、それ以上無理な説得をし、時間を費やすよりは、**遺産分割調停**を申し立てることが適当な場合が少なくない。第4章**2**（117頁）で述べたところにしたがい、調停の申立を行うことになる。その結果、同章**3**（135頁）において述べたように、期日外で必要な書類の提出に応じてもらえる場合もある。

② 遺産分割に同意している者への対応

第4章**1**（108頁）において述べたとおり、遺産の取得を希望しない者及び遺産分割に同意している者については、**無償ないしは有償での相続分譲渡**を得ることにより、調停の相手方をできるだけ減らしておきたい。

二次相続の相続人については、分割案に同意している場合でも、第4章**1**2③ア（115頁）で述べたとおり、**登記費用の負担**と**課税上の問題**から、相続分の譲渡によることには慎重であるべきである。【書式10】（112頁）記載の「遺産分割案に対する同意書」を取り付け、裁判所にその写

しを提出して、調停期日に出頭することを省略してもらうなど、分割案に同意している二次相続の相続人の負担をできるだけ軽減するようにしたい。

2 調停に代わる審判

ステップ7-3-2……調停に代わる審判

調停期日への不出頭

a2は第1回調停期日に出頭せず、裁判所からの問合せに対し、裁判所所定の回答書面に記入する形で、相続するつもりはなく、次回以降も出頭しないとの回答があった。

d1も第1回期日に出頭しなかったが、事前に裁判所に連絡があり、裁判所（書記官）に対し、申立書に添付した【書式10】（112頁）記載のとおり、「自分は、代償金として210万円を支払ってもらえれば、遺産はXが相続することで構わない」「調停が成立するようであれば、その時点で調停に参加することは構わないが、わざわざ裁判所にまでは行きたくない」とのことであった。

調停に代わる審判

a2とd1の調停前後の態度を踏まえ、K弁護士は、調停委員に対し「a2の出頭は望めず、d1にわざわざ出頭させるのも申し訳ない。a2に相続の意思がないことは明らかで、d1は協議段階の分割案に同意していることから、調停を不成立として本来の審判手続に移行させるのではなく、d1に代償金210万円を支払い、Xが全ての遺産を取得する旨の「調停に代わる審判」を行う」旨を求めた。

調停委員からK弁護士に対し、a2に対しても法定相続分に相当する金額を代償金として支払ってはどうかとの提案があった。K弁護士は、代償金を支払うのはやぶさかではないが、これまでの経過からすると、a2の相続を希望しない意思は固いので、一部でも遺

産を相続させるようなことにすると、a2 の意思に反することになり、むしろ a2 から異議申立がされる可能性があり、a2 には代償金を支払わないことを前提とすることが適当である旨回答した。

調停委員において裁判官と協議（評議）した結果、調停に代わる審判を検討することとし、次回期日までに、裁判所から a2 と d1 に対し、改めて意向を確認することになり、K弁護士に対しては、調停に代わる審判を求める旨の書面を提出するよう指示があった。

K弁護士は、第1回期日後、第2回期日までの間に、家庭裁判所に対し次頁【書式 14】記載の「調停に代わる審判を求める上申書」を提出し、Xから d1 に対し代償金 210 万円を支払い、Xが全ての遺産を取得することを内容とする調停に代わる審判を求めた。

第2回期日にも a2 と d1 は出頭せず、期日前の裁判所からの意向確認に対し、a2 からは引き続き相続は希望しないとの回答があり、d1 からは代償金 210 万円の支払を受けることで、遺産はXが全て取得することでよいとの回答があったとのことである。これらを踏まえて、調停に代わる審判が行われることになった。

審判の確定

第2回期日後、Xから d1 に対し代償金 210 万円を支払い、Xが全ての遺産を取得することを内容とする調停に代わる審判がされた。同審判に対し、a2・d1 から異議の申立はなく、同審判は確定し、遺産分割が成立した。

遺産分割成立後のマンションについての相続登記、預貯金・株式等の解約・換価等の手続、現金の支払を受けることになった相続人への代償金ないしは相続分譲渡の対価の支払については、【ステップ8】遺産分割後の処理（186 頁）へ続く。

令和5年（家イ）第○○○○○号

遺産分割調停事件

申立人　　X

相手方　　a2　　外1名[1]

調停に代わる審判を求める上申書[2]

令和5年10月○日

○○家庭裁判所○○係　御中

申立人代理人弁護士　　　K　　　印

　別紙「求める審判内容」記載の調停に代わる審判をするよう上申する[3]。

（理由）[4]

　調停申立書記載のとおり、被相続人の遺産分割の当事者は申立人と相手方らのみであり、被相続人の遺産は別紙遺産目録記載のとおりである。

　相手方らは、いずれも本手続の期日に出頭せず、調停を成立させることができないが、相手方a2においては、本手続の申立前から現在にいたるまで、一貫して被相続人の遺産の取得を希望しておらず、相手方d1においては、被相続人の遺産は申立人が取得し、その代償として、申立人が相手方d1に対し代償金210万円を支払う内容の遺産分割を成立させることに同意している。当事者は、別紙[5]「求める審判内容」記載の遺産分割がされることで事実上合意していることから、同内容での調停に代わる審判をすることが事件の解決のために相当である。

以上

求める審判内容 [5]

1 申立人と相手方らは、被相続人（令和3年6月2日死亡）の相続人が、申立人、相続分譲渡人 a1、相手方 a2、相続分譲渡人 B、同 c1、同 c2、亡 D、相続分譲渡人 E 及び同 F の9名であったこと、亡 D が令和4年2月1日に死亡したことにより、相手方 d1 が亡 D を相続し、同人の相続分を取得したことを確認する [6]。

2 申立人と相手方らは、相続分譲渡人 a1、同 B、同 c1、同 c2、同 E 及び同 F が本件申立より前にそれぞれの相続分を申立人に譲渡したことを確認する [6]。

3 申立人と相手方らは、第1項及び前項により、本件遺産分割の当事者が申立人及び相手方らの3名であることを確認する [6]。

4 申立人と相手方らは、別紙遺産目録 [7]（省略）記載の財産が被相続人の遺産であることを確認する。

5 申立人は、別紙遺産目録 [7]（省略）記載の全ての遺産を取得する [8]。

6 申立人は、相手方 d1 に対し、前項の遺産を取得した代償として、210万円を支払うこととし、これを令和5年○月○日限り、相手方 d1 の指定する○○銀行○○支店の相手方 d1 名義の普通預金口座（口座番号○○○○○○○）に振り込んで支払う [8]。
　　ただし、振込手数料は申立人の負担とする。

7 相手方らは、申立人に対し、申立人が第5項により取得した遺産の名義変更、解約・払戻及び換価の各手続に協力することとする。

8 申立人と相手方らは、本審判確定後に別紙遺産目録 [7]（省略）記載の財産以外に被相続人の遺産が判明した場合には、同遺産の分割に関し別途協議することとする [9]。

9 申立人と相手方らは、以上をもって被相続人の遺産及びその分割に関する紛争が一切解決したものとし、本審判で定めるほか何らの債権債務のないことを相互に確認する [10]。

10 手続費用は、各自の負担とする [11]。

1　事件番号、事件名及び当事者名により事件を表示する。

2　調停に代わる審判は裁判所の職権によりなされるため、職権の行使を促すものとして、上申書の形式をとった。

3　調停に代わる審判を求めるとともに、別紙を用いて求める審判の内容を明示する。

4　調停に代わる審判を行うことが事件解決のために相当であることの理由を記載する。

5　求める審判の内容を別紙において整理した。

6　相続人及び二次相続の相続人並びに相続分の譲渡があったことを確認し、遺産分割の当事者を確認している。

7　審判の対象とする遺産を目録により特定し、確認している。分割後の不動産登記手続、預貯金の解約・払戻及び有価証券の換価のため、不動産については登記事項証明書の項目及び記載内容、預貯金については金融機関・支店・預貯金の種類・口座番号、有価証券については銘柄及び株式数・口数等により特定して記載する。

8　代償分割によることとし、代償金の支払義務・支払時期・支払方法を定める。

9　別途遺産が判明した場合の取扱いを定める。

10　権利関係の清算に関し定める。

11　調停に代わる審判を含めた調停手続の費用の負担を定める。

① 当事者が出頭しないとき

　調停は、当事者が期日に出頭し、全員が合意することにより成立するものであるから、期日に出頭しない当事者がいる場合、本来であれば、**不成立により終了**し、当然に**審判手続に移行**する。

　出頭しない当事者が遺産の取得を希望していない場合や遺産分割の内容に同意している場合に、常に調停を不成立とし、審判手続に移行させることは、いたずらに解決までの時間を長引かせることになり、当事者はもちろん、裁判所にとっても無用な負担を負うことになってしまう。そこで、本来の審判手続に移行させず、当事者が了解している内容で解決を図る方法として、「**調停に代わる審判**」がある。

② 調停に代わる審判

ア　意義と活用場面

　家庭裁判所は、調停が成立しない場合において相当と認めるときは、当事者双方のために衡平に考慮し、一切の事情を考慮して、職権で、事件の解決のため必要な審判をすることができる（家事法284条1項本文）。同審判を「調停に代わる審判」という。

　次のような場合に活用できるとされている（片岡・遺産分割40頁）。

- （ア）**出頭当事者が調停条項案に合意**し、**不出頭当事者も事実上合意**の意向を示している場合
- （イ）当事者の一部が調停に出頭せず、出頭勧告や家庭裁判所調査官による意向調査にも応じないため調停が成立しないが、**出頭当事者間では調停案の合意**ができ、かつ、その**合意内容が相当**であると認められる場合
- （ウ）一方当事者が**手続追行の意欲を失い**調停期日に出頭しない当事者がいる場合
- （エ）**わずかな相違**で合意に至らない場合
- （オ）感情的対立その他の理由から、調停で合意を成立させることは拒否するが、**裁判所の判断にはしたがう**ので審判が欲しいと主張する当事者がいる場合

イ　審判にいたる流れ

　調停に代わる審判をするときは、家庭裁判所は調停委員の意見を聴かなければならない（家事法284条2項）とされていることから、まずは、調停委員に調停に代わる審判によることが「相当と認め」られることを理解してもらう必要がある。そのうえで、裁判官を含めた調停委員会で評議のうえ、調停に代わる審判によることを「相当と認める」との意見を形成してもらう必要がある。

　遺産を取得する意思がない者については、調停申立前の協議段階におけるやり取りや、資料提出等の協力が得られなかった原因、調停に出頭しない理由等を、経過の報告書を提出するなどして、調停委員に丁寧に説明し、理解を得ることが必要である。また、**遺産分割の内容に同意している者**についても、協議段階の経過や不出頭の理由を説明するとともに、遺産分割の内容に同意していることがわかる同意書を提出するなどして、遺産分割の内容に同意していることを明らかにする。これらを踏まえ、**裁判所において不出頭当事者の意向を確認**し、遺産取得の意思がないことや遺産分割の内容に事実上同意していることの確認ができた場合に、調停に代わる審判がされることになる。

　調停に代わる審判は裁判所の**職権**によりなされることから、当事者において同審判を求める申立権はなく、実際には、上記のとおり、調停委員ないし調停委員会に調停に代わる審判の相当性を理解してもらい、不出頭当事者の意向を確認したうえでなされることから、必ずしも調停に代わる審判を書面で求める必要はない。しかしながら、出頭当事者において調停に代わる審判によることの意向があることを明確にし、なされる審判の内容が、その後の不動産登記手続等において不備がないようにするため、求める審判内容を記載した上申書等（【書式14】（179頁）参照）を提出するべきである。

　なお、同上申書等で求める審判の内容については、後日の不動産登記手続において支障がないよう、司法書士等に内容を確認してもらうとともに、預貯金の払戻等が円滑になされるよう、払戻等の手続における添付資料として不備がないかを金融機関に確認しておく。

ウ　審判の効力

　調停に代わる審判は、審判書を作成して（家事法258条1項・76条1項本文）、告知される（同法258条1項・74条1項）。通常、送達の方法によっている（片岡・遺産分割43頁）。

　調停に代わる審判に対し**異議の申立**がないとき、または、異議の申立てを却下する審判が確定したときは、遺産分割事件においては、調停に代わる審判は確定した家事事件手続法39条の審判（**本来の審判**）と同一の効力を有する（家事法287条）。よって、金銭の支払、物の引渡し、登記義務の履行その他の給付を命ずる審判は、**執行力のある債務名義と同一の効力**を有する（同法75条）ので、審判により遺産を取得した者は、確定した審判に基づき、不動産登記手続や代償金未払による強制執行手続を行うことができる。

エ　異議の申立

　当事者は、調停に代わる審判に対し、家庭裁判所に異議を申し立てることができる（家事法286条1項）。異議の申立は、当事者が**審判の告知を受けた日から2週間以内**にしなければならない（同条2項・同法279条2項・3項）。

　適法な異議の申立があったときは、調停に代わる審判は、その効力を失い（家事法286条5項）、遺産分割事件については、家事調停の申立時に当該事項についての家事審判の申立があったものとみなされ（同条7項）、当然に（本来の）**審判手続に移行**する。

第 6 章

遺産分割成立後の処理

成立した遺産分割に基づき、不動産の名義変更や預貯金の解約・払戻等を行い、代償分割による場合には代償金を支払わなければならない。本章では、これらの遺産分割成立後に処理すべき事項を整理し、注意を要する点について解説する。また、多数の相続人・疎遠な相続人との遺産分割において、活用が期待される「相続分の譲渡」について、登記手続と課税関係を検討する。

名義変更・換価・代償金の支払

ステップ**8** …… **遺産分割後の処理**

マンションの登記名義の変更

　K弁護士は、遺産分割の過程で登記申請書類等に関し助言を得てきた司法書士をXに紹介し、Xは同司法書士に依頼して、Y名義のマンションについて、相続を原因とする所有権移転登記手続を申請し、X名義に変更した。

　登記申請にあたっては、Xから司法書士への委任状のほか、相続関係を明らかにする戸籍謄本等一式と相続分譲渡証明書、遺産分割協議書（調停手続によった場合は、調停調書ないしは調停に代わる審判書・同確定証明書）及び相続人らの印鑑登録証明書等を申請書に添付した。なお、戸籍謄本等一式、相続分譲渡証明書、遺産分割協議書（調停調書ないしは調停に代わる審判書・同確定証明書）及び印鑑登録証明書は他の手続でも使用するため、法務局より原本還付を受けた。

預貯金の解約・払戻

　K弁護士は、遺産分割の成立に先立ち、預貯金の存在する金融機関に対し、成立後の解約・払戻に必要となる書類を確認し、解約・払戻の申請書類を取り寄せておいた。成立後、同申請書類に必要事項を記入し、Xから解約・払戻手続の委任を受けていることを証する委任状、相続関係を明らかにする戸籍謄本等一式と相続分譲渡確認書、遺産分割協議書（調停手続によった場合は、調停調書ないしは調停に代わる審判書・同確定証明書）及び相続人らの印鑑登録証明書等を添付して、解約・払戻手続を行い、預貯金の払戻を受けた。なお、戸籍謄本等一式、相続分譲渡確認書、遺産分割協議書（調停調

書ないしは調停に代わる審判書・同確定証明書）及び印鑑登録証明書は他の手続でも使用するため、原本還付を受けた。

有価証券の換価・払戻

　K弁護士は、遺産分割の成立に先立ち、株式・投資信託が預託されている証券会社に対し、成立後の名義書換・換価の手続と必要となる書類を確認し、名義書換・換価の申請書類を取り寄せておいた。成立後、同申請書類に必要事項を記入し、Xから名義書換・換価の委任を受けていることを証する委任状、相続関係を明らかにする戸籍謄本等一式と相続分譲渡確認書、遺産分割協議書（調停手続によった場合は、調停調書ないしは調停に代わる審判書・同確定証明書）及び相続人らの印鑑登録証明書等を添付して、名義書換・換価手続を行い、換価代金を受領した。なお、戸籍謄本等一式、相続分譲渡確認書、遺産分割協議書（調停調書ないしは調停に代わる審判書・同確定証明書）及び印鑑登録証明書は遺産分割成立の証拠として保存するため、原本還付を受けた。

代償金の支払

　K弁護士は、預貯金の解約・払戻が済んだ時点で、代償金（及び相続分の有償譲渡を受けていた場合はその対価）の支払を約した相続人全員に対し、約束した代償金（及び相続分譲渡の対価）を各相続人が指定した預金口座宛に振込送金の方法により支払った。

　以上の遺産の名義変更、払戻及び換価並びに代償金（及び相続分譲渡の対価）の支払により、Xから依頼を受けたYの遺産分割に関する件は解決となり、K弁護士は、預かり保管していた預貯金の払戻金及び有価証券の換価代金から代償金（及び相続分譲渡の対価）を送金した残金をXに引渡し、弁護士費用及び事務処理に要した費用を精算して、本件は無事に終了となった。

1　遺産分割成立後にやるべきこと

　協議によるにせよ、調停・審判によるにせよ、遺産分割が成立した場合には、遺産分割により取得した財産の**名義変更**ないしは**換価**等が必要になる。また、代償分割であれば**代償金**の支払が、換価分割であれば換価対象財産の換価と**代金の相続人への分配**が必要となる。さらに、**相続税**や換価による**譲渡所得税**の申告・納税が必要となる場合もある。

　以下では、財産の名義変更と換価に関し、不動産登記の名義変更と預金その他の金融資産の払戻・換価等、代償金（相続分の有償譲渡の対価）の支払及び換価分割の場合の対象財産の換価について解説する。

2　不動産登記の名義変更

①　相続登記の義務化

　遺産分割により不動産を取得した場合、権利取得を公示するため登記名義を変更することになる。**令和3年不動産登記法の改正**により、相続登記が義務化され、これを怠ると**過料の制裁**を受けることとなった（【補足解説①】（4頁）参照）ので、名義変更の手続を失念しないようにしなければならない。

②　登記の方法

　不動産登記の名義が被相続人のままであれば、同不動産を取得した相続人の**単独申請**により、同相続人への**相続を原因**とする**所有権移転登記**手続を行うことになる。これに対し、相続開始後、遺産分割の成立までの間に**法定相続分による共有の登記**がされている場合があり、この場合には、遺産分割により不動産を取得した者を登記権利者、他の相続人全員を登記義務者として、**共同申請**により、取得した相続人への**遺産分割を原因**とする**持分全部移転登記**手続を行うことになる。

　なお、**相続登記の義務化**に伴い、後者については、共同申請の持分全部移転登記による方法のほか、**単独申請**での**遺産分割を原因**とする**所有権移転の更正登記**の方法によることも可能となった。

③　相続分の譲渡と登記手続

【補足解説⑤】（192頁）で整理したとおり、配偶者と子、配偶者と兄弟姉妹というように、**同一順位の相続人間**で相続分の譲渡がされた場合、その後に、引き続き相続分を有する相続人の間で遺産分割が成立し、遺産中の不動産を相続した相続人は、**被相続人から直接**に、相続を原因とした所有権移転登記をすることができる。また、相続人から**二次相続の相続人**に対して相続分の譲渡がされた場合も、その後の遺産分割により、二次相続における一次相続（当初の相続）の相続分の帰属が確定し、当初の相続が**単独相続**となることが確定すれば、被相続人から直接に移転登記ができると考えられる。

　他方、二次相続の相続人から当初相続の相続人に対して相続分の譲渡がされた場合には、その後に当初の相続について遺産分割がされても、二次相続においては、**当初相続の相続分の帰属**は必ずしも確定しない。当初の相続が単独相続となるとしてよいのかについて、疑問の余地がないとはいえない。この場合には、**相続人による共有登記**を経たうえで、二次相続による相続を原因とする**二次相続の相続人への持分の移転登記**、二次相続人から当初相続の相続人への**売買または贈与を原因とする持分の移転登記**が必要になる可能性があり、登記の件数が増えることによる**登記費用**の負担の増加を考慮に入れる必要が生じる。

　本書の事例における二次相続の相続人d1は、d2・d3が相続を放棄していることから、Dの相続における唯一の相続人になり、Yの相続におけるDの相続分はd1が単独で相続しているので、二次相続の相続人から当初相続の相続人への相続分譲渡における問題は妥当せず、d1から相続分の譲渡を受けても、その後に他の相続人との間で遺産分割が成立し、Xが不動産を取得すれば、XはYから直接に移転登記をすることができるのではないかと予想する。しかし、後記**課税の問題**もあり、相続分の譲渡には慎重であるべきで、他の方法により遺産分割を成立させられるようであれば、その方法を検討することが無難である。

④　登記に必要な書類（7士業54頁）

ア　相続関係を明らかにする戸籍謄本等一式

　法定相続情報証明制度（【補足解説③】（48頁）参照）を利用することで、戸籍謄本等の提出を省略することができる。また、**調停調書等**で相続人が特定されていれば、戸籍謄本等の提出は不要となる。

イ　遺産分割協議書等と印鑑登録証明書

　遺産分割協議書及び調停調書といった遺産分割の成立を明らかにする書類並びに相続分の譲渡に関する譲渡証明書等が必要となる。相続人の捺印を要するものは、**印鑑登録されている印鑑**（いわゆる**実印**）により捺印されていることを要し、**印鑑登録証明書**の添付も必要となる。

　法定相続人となり得た者の一部が相続放棄をしている場合には、家庭裁判所発行の**相続放棄申述受理証明書**が必要となる。同証明書は放棄した本人以外の利害関係人においても申請可能であるが、申請にあたり**相続放棄事件の事件番号**を申請書に記載する必要がある。事件番号がわからない場合には、家庭裁判所に相続放棄の申述の有無について照会する必要がある。裁判所のウェブサイトを参照されたい（https://www.courts.go.jp/tokyo-f/saiban/tetuzuki/syosiki03/index.html）。

ウ　その他

　不動産を取得する者の住民票（戸籍の附票）、登録免許税算出のための当該不動産の**固定資産評価証明書**、登記名義人と被相続人の同一性を確認するための**被相続人の本籍の記載のある住民票の除票**が必要となる。

　相続人に成年後見人や不在者財産管理人が選任されており、これらの者が相続人を代理して遺産分割を成立させた場合には、**成年後見の登記事項証明書**や不在者財産管理人の**選任審判書**が必要となる。

⑤　司法書士との連携

　遺産分割を代理する弁護士が、日ごろから登記申請を業務として行っている場合は別として、確実かつ円滑に登記手続ができるよう、遺産分割の成立に先立ち、司法書士に登記申請に必要な書類を確認し、遺産分割協議書や調停条項の案文を登記申請の観点から確認してもらっておくことが望ましい。遺産分割成立後、作成した協議書や調停調書では登記

申請ができないということになると、それまでの努力が無に帰すだけでなく、改めて協議書等を取得することができないこともある。

遺産分割の過程で相続分の譲渡を得ておくような場合には、その後の遺産分割により不動産を取得した者に対し、**被相続人から直接**に移転登記ができるか、仮に、相続人による共有登記を経る必要がある場合には、どのような登記の申請が必要となり、**登記申請にどの程度の費用がかかるのか**についても助言を得て、相続分の譲渡を行うのが適当か、どの範囲で行うかを判断する必要がある。相続人が多数となる場合、登記実務を踏まえた対応が強く要請され、司法書士との連携が不可欠となる。

3 預貯金その他の金融資産の払戻等

預貯金の払戻及び株式その他の有価証券の名義変更・換価等については、金融機関・証券会社それぞれが申請書類を用意しており、添付する資料についても若干の相違がある。遺産分割の成立に先立ち、預貯金・有価証券の預託先金融機関・証券会社に対し、払戻・名義変更・換価にどのような書類が必要となるのかを確認し、成立時までに必要な書類を取り付けておくべきである。預貯金の払戻等により**代償金**を支払うことを想定している場合には、代償金支払のために速やかな預貯金の解約・払戻等が必要となり、事前確認と書類の確保は不可欠である。

なお、株式等の有価証券の名義変更には、有価証券を取得した者の**証券口座**が必要となる。証券口座を有していない場合には口座開設が必要となるので、遺産分割成立後、速やかに証券口座を開設する必要がある。

4 代償金等の支払

代償分割においては、遺産分割成立時または成立後の合意した期限までに代償金を支払う必要がある。調停調書及び確定した審判は**執行力**を有しているので（家事法268条1項・75条）、支払を怠るときは、調書及び審判書により、財産の差押を受ける可能性がある。

代償金の支払義務者が自身固有の財産により代償金の支払が可能であ

ればよいが、そうでない場合には、遺産分割により**取得した財産を現金化**する必要があるので、前記のとおり、成立前の準備を怠らず、成立後速やかに現金化し、支払期限までに確実に支払をしなければならない。

代償金を支払った場合、支払に関する後日の争いを避けるため、領収書や振込依頼書の控えといった**支払を証明できる書類を保存しておく**。

なお、相続分を有償にて譲り受けた場合の**譲渡対価**の支払について、支払期限を遺産分割成立時または成立後の合意した日とした場合についても、遺産分割により取得した財産を現金化するなどして、期限までに支払わなければならない。

5 換価分割における財産の換価

換価分割において遺産を換価する場合、不動産であれば、**遺産分割に参加する者の共有登記**を経たうえで、買主への共有者全員の持分の移転登記を行うことになるので、換価には**共有する当事者全員の協力が必要**となる。協力しない者がいると当該不動産を換価することができず、成立した遺産分割に基づく換価代金の分配ができなくなってしまう。

そこで、換価分割の方法による遺産分割においては、関係当事者が換価に協力することに加え、**売却を担当する者、売却の期限、最低売却価格**、分配にあたり**売却代金から控除する費用**等を定めておくことが必要である。調停手続による場合には、調停条項中に、期限までに売却ができなかった場合には**競売**によることができる旨の条項を設けておくことを検討すべきである。売却に協力しない者がいる場合、競売により強制的に換価し、対価を配当できる可能性を残しておくためである。

なお、換価分割においては、後記のとおり、遺産を取得することによる相続税に加え、遺産を換価したことによる**譲渡所得税**が課税される可能性がある。課税の有無の検討と申告時期に注意が必要である。

［補足解説⑤］　相続分譲渡と登記手続
　相続分の譲渡があった場合、被相続人から遺産を取得した相続人へ、どのような登記手続をすることになるのかを整理する。

1　同一順位の相続人間での譲渡

　被相続人甲の相続人が甲の子である乙・丙・丁の３名であるとき、丙が乙に相続分を譲渡した場合、その後に、乙と丁との間で遺産分割協議が成立し、乙が遺産中の不動産を取得すると、甲から乙へ直接に、相続を原因とする所有権移転登記ができる。また、丙と丁ともに乙に相続分を譲渡した場合も、甲から乙へ直接に、相続を原因とする所有権移転登記ができる（昭和59年10月15日付法務省民三第5195号民事局第三課長回答、片岡・遺産分割140頁）。

2　第三者への相続分の譲渡

　相続人の１人が相続人ではない第三者に相続分を譲渡した場合には、相続を原因とする相続人による共有の登記を経たうえで、相続分の譲渡人である相続人から譲受人である第三者への売買ないしは贈与を原因とする持分移転登記が必要となる（登記研究728号243頁、片岡・遺産分割140頁）。

3　数次相続における相続分の譲渡

（１）相続分の譲渡を介さない場合

　１の例において、甲の死亡後に相続人乙が死亡し、乙（二次相続の被相続人）の相続人が乙２と乙３の２名（二次相続の相続人）であった場合、乙２・乙３と甲の相続人丙・丁の間で、乙２が甲の不動産を単独で取得する遺産分割が成立した場合には、中間の相続（一次相続）が単独相続となり、乙２は、甲から直接、相続を原因とする所有権移転登記をすることができる（片岡・遺産分割141頁）。

（２）相続分の譲渡を登記する場合

　丙が乙２に甲の相続における相続分を譲渡し、遺産分割が未了の場合には、中間の相続が単独相続となることが確定していないので、乙２が自己の持分を登記するには、甲名義の不動産について、相続を原因とする乙・丙・丁の共有登記を経たうえで、乙から乙２・乙３への相続を原因とする持分移転登記と丙から乙２への売買ないしは贈与を原因とする持分移転登記が必要となる（平成４年３月18日法務省民三第1404号民事局第三課長回答、片岡・遺産分割142頁）。

（３）相続分の譲渡後に遺産分割がされた場合

ア　相続人から二次相続人への相続分譲渡

　丙が乙２に甲の相続における相続分を譲渡したうえで、乙２・乙３・丁の間

で、乙2が甲の不動産を単独取得する遺産分割が成立した場合には、同遺産分割には、甲の相続において乙に当該不動産を単独承継させる合意と、乙が単独承継した当該不動産を乙の相続（二次相続）において乙2に単独承継させる合意とが包含され（平成29年3月30日法務省民二第236号民事局民事第二課長回答参照）、甲の相続が単独相続となり、甲から乙2へ、直接、相続を原因とする所有権移転登記ができると考えられる（片岡・遺産分割143頁、平成30年3月16日法務省民二第136号民事局民事第二課長回答）。

イ　二次相続人から相続人への相続分譲渡

　乙の相続人乙2から甲の相続人丙に甲の相続における相続分を譲渡した場合についても、その後に、乙3・丙・丁の間で、丙が甲の不動産を単独取得する遺産分割が成立すれば、アと同様に、丙は、甲から直接、相続を原因とする所有権移転登記をすることができるようにも思われる。

　この点、甲の遺産分割に乙2が参加しないことから、同遺産分割では乙の相続に関する遺産の帰属は確定されず、乙が有していた甲の相続における相続分が乙2・乙3間でどのように帰属するかが確定されない。甲の遺産分割により丙の相続分の帰属が確定されるアの場合とは、事情を異にしているといえる。相続分の譲渡は、それ自体が登記すべき権利変動であり、権利変動の過程を忠実に公示するためには、乙・丙・丁の共有登記を経たうえで、乙から乙2・乙3への相続を原因とする持分移転登記と乙2から丙への売買ないしは贈与を原因とする持分移転登記を行い、乙3・丁から丙への遺産分割を原因とする持分移転登記を行うのが本来の姿である。乙を介して甲の遺産に対する相続分を取得した乙2からの相続分の譲渡を甲の相続分を当然に取得する丙からの相続分の譲渡（アの場合）と同様に評価して、乙2から相続分の譲渡を受けた丙が、甲から直接、所有権移転登記をすることができるとしてよいのかについては、疑問が残ると言わざるを得ない。二次相続の相続人からの相続分の譲渡が介在した場合には、一次相続の被相続人からの直接の移転登記が認められないリスクがあると考える。

2 遺産分割と税務

1 遺産分割に関して問題となる税金

　遺産分割に関連して問題となる税金としては、**相続税**のほか、代償金の支払または換価分割における換価のために、相続した財産を処分したことによる**譲渡所得税**があげられる。また、相続した不動産についての**固定資産税**、相続人以外の第三者との間の相続分の無償譲渡による**贈与税**等も問題となる。以下、問題となることの多い相続税と譲渡所得税について概説し、**相続分の譲渡に関する課税**について整理する。

　なお、事業を行っていた被相続人が申告期間中に確定申告をしないまま死亡した場合及び年の途中で死亡した場合、相続人は、相続が開始したことを知った日の翌日から4か月以内に、被相続人の確定申告をしなければならない。この申告を**準確定申告**という。

2 相続税に関して

① 相続税の申告を要する場合

　課税価格の合計額が**基礎控除額**を超える場合、財産を取得した者は、相続開始があったことを知った日の翌日から**10か月以内**に相続税の申告・納税を要する。基礎控除額は、3000万円に、600万円に法定相続人の人数を乗じた金額を加算した金額となる。

　期限までに申告しない場合、財産を取得した者には無申告加算税と延滞税が課税される。また、相続税の金額を減少させることができる**小規模宅地等の特例**及び**配偶者の税額軽減**の適用を受けるためには、申告期限までに遺産分割を完了させたうえで、相続税の申告をすることが必要である。この点、申告期限までに遺産分割が成立しない場合には、「**申告期限後3年以内分割見込書**」を添付し、未分割の状態で法定相続分

に基づいて**期限内**に申告しておくことで、分割後に特例の適用を受けることができる（7士業221頁）。

②　申告の方法

　相続税法上は、個々の相続人が単独で申告することを原則としつつ、1通の申告書により共同で申告することができるとされている（相続税法27条5項）。この点、実務では、**共同で申告することが一般的**であるといわれる（7士業223頁）。個々に申告した場合、申告ごとに財産の評価額が異なってしまうことが少なくなく、税務調査等がされ、過少に申告していた相続人は更正または修正申告書の提出により加算税等が課されることになってしまう（7士業224頁）からである。

　相続人が多数である場合に共同での申告を行う場合には、遺産分割の成立に先立ち、相続税の申告を要することを他の相続人らに告知し、共同での申告に同意する者に対しては、成立時までに、申告を依頼する税理士宛の**税務代理権限証書**を取り付けておく必要がある。なお、取得する遺産が相続人によっては少額になる場合でも、課税価格の合計額が基礎控除額を超える場合には申告が必要になり、少額の遺産を取得する者であっても課税される可能性がある。このような場合、取得する遺産額に納税を要する相続税分を加算するといった配慮が必要な場合もある。

　なお、**単独で申告する場合**でも、相続税の申告・納税を想定していない相続人が不測の損害を被り、同相続人との間で、後日、無用のトラブルを生じさせないよう、相続税の申告・納税が必要ないしは必要となる可能性があることを告知しておくべきである。

③　連帯納付責任

　相続により財産を取得した者は、相続により受けた利益の価額を限度として、互いに連帯納付責任を負う（相続税法34条1項）。他の相続人が相続税を納付しない場合、**取得した遺産額の範囲内**で、納税を怠っている者に代わって納税しなければならなくなることがある。

　相続税に関しては、申告が必要か、必要として課税されるか、税額はおおよそどの程度になるか等について、遺産分割が成立する前の段階か

ら税理士に相談するなどして、**相続税の納税を考慮した**遺産分割案を検討する必要がある。早い段階からの税理士との連携が望ましい。

3 譲渡所得税に関して

代償金支払のために取得した財産を売却する場合や換価分割により遺産を換価する場合、**譲渡所得**が生じれば、譲渡した者は、譲渡した日の**翌年3月15日までに**申告・納税を要することになる。

譲渡所得は、**譲渡により得た収入**から当該財産の**取得費**と**譲渡費用**を控除した金額となる。代償金自体は相続税の対象であり、譲渡所得税は課税されない（片岡・遺産分割421頁）。また、代償分割により遺産を取得した者が同遺産を換価した場合、譲渡所得の計算上、支払った代償金は譲渡所得を算出するにあたっての取得費とはならない（7士業185頁）。譲渡所得税を納税することにより、取得する遺産の実質的な取得額は譲渡所得税分減少する。**代償金の算定**にあたっては、遺産分割成立後に課税される譲渡所得税の負担も考慮しておくべきである。

譲渡所得税については、居住用財産を譲渡した場合の3000万円の特別控除や相続税を取得費に加算できるといった**特例**があるので、特例適用の有無について税理士に相談し、助言を得ておくべきである。

4 相続分の譲渡における課税関係

【補足解説⑥】（次頁）のとおり整理した。

相続人間での譲渡の場合、基本的には相続人間で遺産分割がされた場合と同様の課税関係と考えればよく、相続税課税の問題となる。これに対し、**第三者との間の相続分の譲渡**の場合には、譲渡人につき**譲渡所得税**が、譲受人につき**贈与税**が課税される場合があり、**相続人が譲渡人となる場合**には、無償譲渡でも相続税が課税されたり、有償譲渡で譲渡所得税とは別に相続税も課税されたりする場合があるので注意を要する。

二次相続の相続人との間で相続分の譲渡がされた場合、二次相続の相続人を一次相続の相続人と同視して、相続人間の譲渡として処理しうる

余地がないとはいえないが、二次相続の相続人は、一次相続においては形式的には**相続人ではなく**、第三者であるので、第三者との間での相続分の譲渡の場合として課税される可能性がある。二次相続の相続人との間で相続分の譲渡を行う場合には、課税関係を慎重に検討し、想定外の課税がされないよう、注意が必要である。

5　税理士との連携

　遺産分割に伴い各種の課税関係が生じることから、遺産分割の成立後に想定していなかった課税がされ、依頼者及び他の相続人に不測の税負担が生じるリスクを常に抱えている。依頼者に不測の負担を負わせることを避けるべきは当然として、他の相続人に不測の負担が生じることで、他の相続人から、成立した遺産分割に対し異議が述べられ、遺産に関する紛争の終局的な解決が図れなくなってしまいかねない。遺産分割の成立に先立ち、税理士の助言を得て、**成立後の課税関係に配慮して**遺産分割を進めることが望まれる。

6　士業連携の重要性

　以上のように、他の士業と適切に分業し、連携して、**総合的かつ終局的な解決**が図れる体制を構築することが望まれる。いわゆる**ワンストップサービス**を実現できるよう、士業間のネットワークが重要となる。拙編著の『7士業が解説　弁護士のための遺産分割』（学陽書房、2022年）において、遺産分割における各種問題に対して、対応する士業が解説しているので、参照されたい。

［補足解説⑥］　相続分譲渡の課税関係
　相続分の譲渡がされた場合の課税関係を以下のとおり整理する。
1　相続人間で相続分の譲渡がされた場合
（1）無償譲渡の場合
ア　譲渡人に対する課税

非課税。ただし、相続税の「申告」は必要な場合あり。

イ　譲受人に対する課税

相続税課税の問題となり、贈与税は課税されない。

（2）有償譲渡の場合

ア　譲渡人に対する課税

相続税課税の問題となり、譲渡所得税は課税されない（代償分割における代償金と同じ）。

イ　譲受人に対する課税

相続税課税の問題となる。

2　相続人から第三者に相続分の譲渡がされた場合

（1）無償譲渡の場合

ア　譲渡人に対する課税

相続税課税の問題となる（いったん取得したものとして扱われる）。

イ　譲受人に対する課税

贈与税課税の問題となり、相続税は非課税。

（2）有償譲渡の場合

ア　譲渡人に対する課税

相続税が課税されたうえで、さらに譲渡所得税課税の問題ともなる。

イ　譲受人に対する課税

非課税。

3　第三者から相続分の譲渡がされた場合

（1）無償譲渡の場合

ア　譲渡人に対する課税

非課税。

イ　譲受人に対する課税

贈与税課税の問題となる。

（2）有償譲渡の場合

ア　譲渡人に対する課税

譲渡所得税課税の問題となる。

イ　譲受人に対する課税

非課税。ただし、譲受人が相続人の場合、自身固有の相続分について相続税

の申告・納税を要する場合あり。

4　二次相続の相続人との間で相続分の譲渡がされた場合

（1）一次相続の相続人から二次相続の相続人に譲渡がされた場合

　二次相続の相続人は一次相続の相続人ではないため、二次相続の相続人は一次相続においては第三者であり、上記2の処理によることになりそうである。他方、相続分の譲渡後、二次相続の相続人が一次相続における遺産中の不動産を取得したときは、一次相続の被相続人から当該二次相続の相続人に、直接、所有権移転登記ができる場合がある（平成30年3月16日法務省民二第136号民事局民事第二課長回答）（【補足解説⑤】（192頁）参照）。また、当該二次相続の相続人は二次相続の被相続人である一次相続の相続人の申告・納税義務を承継しており、相続人間における譲渡の場合と変わりがなく、上記1の処理による余地があるともいえる。

　この点、あくまでも二次相続の相続人が一次相続における相続人ではないことを強調すると、第三者への譲渡として上記2の処理となるので、税理士ないしは税務署に問い合わせ、遺産を取得しない譲渡人に相続税課税や譲渡所得税課税がされないか、譲受人に贈与税が課税されないかを慎重に検討し、相続分の譲渡という方法を採用すべきか否かを決定しなければならない。

　著者において国税局電話相談センターに問い合わせたところ、具体的ケースにおいて判断されることを前提としつつ、一般論としては、形式的には第三者であり、相続人以外の第三者に譲渡がされた場合と同様に解することになるとの回答であった。

（2）二次相続の相続人から一次相続の相続人に譲渡がされた場合

　この場合も、形式的には上記3の処理によることになる。（1）同様、相続人間における譲渡の場合と変わりがないとして、上記1の処理による可能性を否定はできないが、二次相続の相続人から一次相続の相続人への譲渡の場合、登記手続においても、一次相続の相続人から二次相続の相続人への譲渡とは異なる面があり（【補足解説⑤】（192頁）参照）、（1）の場合よりも、二次相続の相続人は第三者性が強いといえる。上記3の処理によることになる可能性もそれだけ高くなるので、慎重に検討のうえ、相続分の譲渡という方法を採用すべきか否かを決定しなければならない。

第 7 章

兄弟姉妹などの立場から

本章では、前章までで解説してきた配偶者の側から見た遺産分割の解決の方法と実際を前提に、多数の相続人・疎遠な相続人がいる場合の兄弟姉妹の側からの遺産分割の進め方について解説する。加えて、子が相続人の場合についても、注意すべき点を取り上げる。

1 兄弟姉妹の立場に立った場合

1 想定される場面とポイント

① 想定される場面

　前章まで、配偶者と兄弟姉妹（の子）が遺産分割の当事者となるケースにおいて、配偶者の側から遺産分割を申し入れていく場合について、配偶者の立場に立って遺産分割の進め方を解説してきた。これに対し、兄弟姉妹の立場からは、以下の各場面を想定することができる。

ア　配偶者と兄弟姉妹間の相続の場合

（ア）配偶者の側から遺産分割の申入れがあったとき

（イ）兄弟姉妹の側から遺産分割を申し入れるとき

イ　兄弟姉妹のみが相続人である場合

　各場合について、兄弟姉妹の立場に立ったときの注意点を検討する。

② 考慮すべきポイント

ア　相続人が多数で、疎遠であることが少なくないこと

　配偶者の有無にかかわらず、兄弟姉妹の人数が多い場合や代襲相続人がいる場合、二次相続が開始している場合は、相続人が多数となり、相続人間の関係が希薄であることが少なくない。遺産分割に対する考え方はまちまちであり、一堂に会して話し合うことが困難なことが少なくなく、遺産分割について協議し、合意に達することに困難を伴う。

イ　個々の兄弟姉妹の相続分が比較的少ない場合があること

　相続人が多数となる場合、個々の兄弟姉妹の相続分が少額にとどまることにより、遺産分割に対する関心が低く、遺産分割協議への参加に消極的な相続人が見られる。

ウ　兄弟姉妹において遺産の内容が明らかでない場合が多いこと

　配偶者がいる場合は、兄弟姉妹には遺産の内容が明らかでないことが

一般的で、兄弟姉妹のみの場合でも、一部の相続人のみが遺産の内容を把握しており、他の相続人には遺産に関する情報がないことが多い。

エ　遺産分割における影響

上記アからウの各ポイントは、遺産分割の成立を困難にさせる。一方、遺産分割に関心が低く、取得する遺産に対して過大な期待や要求を有していない相続人も少なくないことから、時間や手間を最小限に留めたいと考えている場合が多いので、これらの点に適切に対応できれば、比較的早期に、かつ、確実に遺産分割を成立させられるともいえる。

2　配偶者の側から遺産分割の申入があった場合

①　基本的な考え方

前章までで解説した各段階にしたがって、遺産分割の申入を受けた兄弟姉妹の立場に立って、注意すべき点を検討する。

②　配偶者から初回通知を受けた場合

ア　連絡の要否

【ステップ4】相続人への初回通知（60頁）において、配偶者から初回通知（【書式1】（61頁）記載の「ご通知」参照）を受領した場合、遺産の取得を希望するにしろ、希望しないにしろ、通知人である配偶者（代理人である弁護士）に連絡をとるべきである。相続の意思がある場合は当然として、相続の意思がない場合でも、そのままにしておくと、最終的には**遺産分割調停**等が申し立てられ、裁判所から期日に出頭するよう呼出しを受けることになる。期日には欠席することもできるが、裁判所から連絡を受けたり、**審判手続**に移行したりすることもあり、結局のところ遺産分割事件に長期間に渡って何らかの関わりを持たなければならなくなってしまう。自身の負担軽減のためにも、早期解決のために協力できることには協力することが必要である。

イ　相続するか否か

遺産の内容や取得できる遺産額等にかかわらず、遺産を取得するつもりはないという場合もあろう。そのような考えを否定するものではない

が、**遺産の内容**やその**総額**、自身の**相続分**について、きちんと把握・理解したうえで、相続するか否かを検討し、後日、相続しなかったことを後悔するようなことがないようにしたい。

通知文に遺産の内容や相続分について記載がない場合はもちろん、記載があり、さらに根拠資料等が添付されていたとしても、不明な点や疑問に思う点があれば、通知人（代理人弁護士）に確認するべきであり、追加の資料の送付を求めることも考えられる。また、相続人が明らかでなく、相続分の算定方法がわからないような場合には、**算定方法**について説明を求めるべきである。

相続人の範囲や遺産の範囲・評価額については、第2章**1**2（29頁）及び同3（33頁）で述べたところにしたがって、自身で調査することもできる。前記のとおり兄弟姉妹の相続分は少額に留まることが少なくないので、できる限り通知人から資料の提供を受け、提供を受けた資料で不足するものについてのみ自身で取り付けるということが合理的である。また、自身に主張可能な**寄与分**がないか、他の相続人が**特別受益**を受けていないかについても検討するべきである（第2章**1**4（42頁）参照）が、相続人間の関係が疎遠な場合には、これらに関する情報や資料が乏しい場合が多く、他からの伝聞等のみで主張したとしても、それらの事実を証明することができず、いたずらに時間のみを費やすことにもなりかねない。相当の程度にわたる贈与や寄与で、その存在が明らかなものに限って主張することが適当な場合が多い。

いずれにしても、相続しないことが適当か否かについて弁護士に相談することが望ましく、相談を受けた弁護士は上記の各点について、適切な助言を行わなければならない。

ウ 相続を希望しない場合

遺産の内容と取得できる相続分額を確認したうえで、それでも相続を希望しない場合には、【ステップ6】分割案の提案（77頁）記載のとおり、通知人から【書式3】（80頁）記載の「相続分譲渡証明書」・【書式4】（81頁）記載の「相続分譲渡確認書」または遺産を相続しないことを前提とした「遺産分割協議書」（【書式8】（105頁）参照）等への署名・捺印と**印鑑登録証明書**の提出を求められる。遺産の取得を希望しないのであれ

ば、これらの書面に署名・捺印し、印鑑登録証明書を提出することで、遺産を取得しないことが確定し、基本的には、以後、遺産分割に関する手間を負うことはなくなる。

　この点、疎遠である通知人に印鑑登録証明書を提出することを躊躇する相続人は少なくない。提出する「相続分譲渡証明書」等の記載内容に問題がなく、他に登録印（実印）を捺印した書面を提出していなければ、印鑑登録証明書を提出したということのみで不測の事態が生じることは通常は考えられない。しかしながら、懸念を残したままに提出することは適当ではないので、あくまでも提出を躊躇する場合には、家庭裁判所に対し**相続放棄**の申述をすることを検討する。

　相続の開始があったことを知った時から3か月の**熟慮期間**内であれば、相続放棄が可能である（民法915条1項本文）。熟慮期間の起算点である「相続の開始があったことを知った時」は被相続人が死亡した事実と自己が被相続人の相続人である事実を知った時をいうが、**相続財産が全く存在しないと信じた場合**も熟慮期間は進行しないとされている（最判昭和59年4月27日民集38巻6号698頁）。なお、遺産の調査のため、相続を放棄するか否かを3か月で決定できない場合には、家庭裁判所に申し立てることで、**熟慮期間を伸長**することができる（同項ただし書）。

　相続放棄をした者は、初めから相続人とならなかったものとみなされる（民法939条）ので、当該相続に関わる必要はなくなる。通知人から「**相続放棄申述受理証明書**」の提出を求められることがあるが、同証明書は通知人においても取り付けられるので、自身で無理に取り付けるまでの必要はなく、受理された場合に家庭裁判所から送付されてくる**受理通知書**の写しを通知人に送付することで、**事件番号**を知らせれば、通知人において証明書を取り付け、遺産分割を進めることができる。

③　相続を希望する場合

ア　提案内容に同意できる場合

【ステップ6】分割案の提案（77頁）記載のように、通知人から遺産分割の提案（【書式5】（83頁）記載の「ご提案」参照）を受けた場合、前記②イにおける調査結果を踏まえ、提案内容が妥当であれば提案に同意

し、遺産分割同意書（【書式6】（97頁）参照）ないしは遺産分割協議書（【書式8】（105頁）参照）に署名・捺印し、印鑑登録証明書とともに返送することになる。

　提案内容が自身の取得できる相続分額以上であれば、調停等の手続においてもそれ以上の遺産を取得できる可能性は低いので、同意することが適当であろう。立証できるかは不確定であるが、**寄与分**等を主張できる余地があるといった場合には、増額を求めることになる。ただし、相続人が多数で、取得できる遺産が少額の場合、調停等の手続により、手間と時間がかかることを考えると、どこまで要求・主張していくかは慎重に検討するべきである。同様に、**提案内容が取得できる相続分額よりも少ないといった場合**でも、取得できる金額との差額によっては、そのまま受け入れ、早期に解決することが合理的な場合もある。

　いずれにしても、確実に遺産を取得できるかは十分に確認しておくことが必要である。**代償金**等の支払を受けることになった場合には、**代償金額**（相続分譲渡の対価）、**支払時期**、**支払方法**、**振込手数料の負担**等に関し、「遺産分割同意書」等にきちんと記載がされているか、特に、支払時期については十分に確認しておくべきである。

　なお、印鑑登録証明書の提出に躊躇を覚える場合に関しては、前記②ウにおいて述べたとおり、同意書等の内容に問題がなく、遺産分割に関係しない書面を提出していなければ、通常は提出することに問題はない。相続を希望しない場合と異なり、相続を希望する場合には、提出を拒むと遺産分割協議によっては遺産の分割ができなくなってしまい、分割内容に同意しているにもかかわらず、調停等の手続の当事者とならざるを得なくなる。他に流用される可能性がないことを十分に確認のうえではあるが、提出することが適当である。

　他の相続人の同意も得られた場合には、これにより遺産分割が成立し、第6章**１**（186頁）記載のとおり、遺産の換価・代償金等の支払を待つことになる。成立後、支払期限までに代償金が支払われない場合や、換価がされず代償金の支払が遅れている場合には、代償金等の支払義務を負う相続人に対し、その**支払を催告**すべきである。

　これに対し、他の相続人が同意しない場合は、**遺産分割調停**等の手続

がとられる。【ステップ7－2】協議の不成立（分割案への不同意）（108頁）記載のとおり、取得できるはずの遺産額に相当する金額を対価として相続分を**有償譲渡**することで、調停の当事者から除外してもらうことを検討する。なお、協議の成立を前提に取得額について譲歩して同意していたような場合には、調停等の手続になる以上、手続に当事者として参加し、改めて適正な相続分額を主張することも検討すべきである。

イ　提案内容に同意できない場合

本来取得できる相続分額に満たない等の理由から、提案に同意できない場合には、その旨を回答し、自身が**適正と考える分割内容**による遺産分割を求めることになる。この点、前記アで述べたとおり、本来取得できるはずの相続分額を踏まえ、調停等の手続になった場合の手間と時間を考慮したうえで、どこまで争うことが合理的かを慎重に検討・判断しなければならない。

そのうえでなお、提案が不合理で、見直しもされないようであれば、調停等の手続の当事者になることを躊躇せず、提案を毅然として拒否するべきである。その後の手続においては、【ステップ7－2－4】調停手続の実際（139頁）を参考に、期日に出頭し、自身の主張等を調停委員に対して述べていくことになる。合意が成立すれば**調停調書**が作成されることになる（【ステップ7－2－5】調停成立（148頁）参照）。

④　税務について

取得する遺産の多寡にかかわらず、課税価格の合計額が**基礎控除額**を超え、相続税の申告を要する場合には、相続税の申告が必要となる（第6章**2**2①（195頁）参照）。自身で税理士を依頼するなどして申告することも考えられるが、共同で申告することが一般的であり（同②（196頁）参照）、遺産分割を成立させるに先立ち、遺産分割を主導している相続人にその点を確認して、**税理士の手配**、その**費用の負担**等について協議し、合意しておくべきである。相続税の納付が必要となる可能性がある場合には、**納付を要する見込み額**を明らかにしてもらい、取得する**代償金額の再考**等を求めるべき場合もある。

換価分割の方法により遺産を換価し、換価した代金を分配する場合に

は、相続税とは別に、**譲渡所得税**の課税が問題となる。課税されるか否か、課税されるとして、どの程度の金額を納付する必要があるかを確認したうえで遺産分割を成立させるべきである。納税を要する金額によっては、**分配額の見直し**を求めるべき場合もある（第6章**2**3（198頁）参照）。

　なお、第6章**2**4（197頁）記載のとおり、相続人以外の**第三者に相続分を譲渡した場合**、譲渡したにもかかわらず、相続税が課税されうる。また、**有償で譲渡した場合**には譲渡所得税も課税されうる。二次相続の相続人も形式的には一次相続においては第三者とされるので、税理士に相談するなど、慎重に対応する必要がある（【補足解説⑥】（198頁）参照）。

3　兄弟姉妹の側から遺産分割を申し入れる場合

　配偶者と兄弟姉妹が相続人の場合、個々の兄弟姉妹の相続分は少額な場合が多いため、費用と手間がハードルとなり、兄弟姉妹の側から遺産分割を求めることに躊躇を覚えることはやむを得ない。しかし、取得できる遺産があり、その取得を希望する場合には、**配偶者の側から遺産分割を求めてこないとき**は、兄弟姉妹の側から遺産分割を求めざるを得ない。特に、配偶者が何らかの理由で遺産の取得を希望せず、分割がされないままで放置されているような場合には、配偶者が相続しないことを確定させ、兄弟姉妹で遺産を分割するため、積極的な対応が必要となる。

　相続登記が義務化されたことから（【補足解説①】（4頁）参照）、遺産中に不動産ある場合には、**相続人申告登記**によることはできるとしても、配偶者が遺産分割を進めなければ、兄弟姉妹が遺産分割を主導し、早期に不動産の帰属を確定させることが望まれる。

　兄弟姉妹の側から遺産分割を進める場合、第2章において述べたところにしたがい、**相続人と遺産を調査**し、遺産分割の**方針を決定**したうえで、第3章を参考に、まずは、近しい兄弟姉妹の遺産分割に関する意向を確認したうえで、疎遠な兄弟姉妹と配偶者に対して**相続の意思を確認**し、相続を希望しない者からは**相続分の譲渡**を受けるなどしたうえで、相続を希望する者に**分割案を提示**し、遺産分割協議の成立を目指すこと

になる。同意が得られず遺産分割協議が成立しない場合（第4章参照）及び遺産分割協議ができない相続人がいる場合（第5章参照）には、家庭裁判所において必要な手続をとることになる。

遺産分割を主導することになった兄弟姉妹は、その後の**遺産の換価**や**他の相続人への支払・分配**等の負担を負わざるを得なくなると思われるので、第6章を参考にされたい。

4 兄弟姉妹のみが相続人である場合

配偶者が存在する場合に比べ、個々の兄弟姉妹の相続分は多くなることから、積極的に遺産分割に関わり得る状況にはある。それでもなお、相続に消極的な相続人が存在する場合もあり、兄弟姉妹が多数の場合や、両親の一方を異にする相続人（**半血兄弟姉妹**）がいる場合には、相続を希望しない相続人が存在する場合もある。

兄弟姉妹がそれほど多くなく、疎遠でもない場合には、兄弟姉妹で集まって協議するとか、兄弟姉妹の一部が主導して、他の相続人に相続意思を確認し、分割案を提示するとかといった方法で遺産分割を進めることになる。これに対し、**相続人が多数で、疎遠であるといった場合**には、本書において解説してきた流れとポイントにしたがって、まずは、**相続の意思の有無**を確認し、その後に**分割案を提案**し、相続人全員の同意が得られなかった場合には**調停等の手続**を申し立てることにより、遺産分割の成立を目指すことになる。いずれにしても、第2章において述べた**相続人と遺産の調査**を確実に行い、後日、これらに漏れがあり、遺産分割をやり直すことになったり、別途遺産分割協議をしなければならなくなったりするといったことにならないよう、注意が必要である。

なお、取得する相続分が多くなることで、相続人の遺産に関する関心が高くなり、配偶者とともに相続人となる場合よりも、取得する遺産の内容及び額について争いとなる可能性は高まる。早期かつ円滑な遺産分割を目指すのであれば、**法に基づく適正な分割案**を提示し、それでも納得しない相続人がいる場合には、**早期に調停等の手続に移行**するほうが、結果として早期に解決できる場合もある。

2 子が相続人となる場合

1 配偶者がいる場合

　関係が近いことから、協議により遺産分割が成立する場合が比較的多いとはいえるが、いったん争いになった場合には、**各自の相続分が小さくはなく、**近しい関係であるが故に**感情的**となっている場合があり、調停等の手続が必要となり、合意を成立させることが困難な場合がある。

　ボタンの掛け違いが生じないよう、遺産分割を主導する相続人においては、第2章■3（33頁）において述べた遺産の調査と評価をしっかりと行い、**適正な分割案を提示**することで、無用な誤解や争いを生じさせないことである。ただし、不当な主張をする相続人がいる場合や、**特別受益**や**寄与分**について争いがある場合には、協議を続けることで感情的対立を深め、紛争を複雑化させることがないよう、**早期に調停等の手続をとる**ことが適当な場合もある。

　なお、相続人の中に**先夫・先妻の子**がいる場合や**子が多数**の場合には、本書で取り上げた事例（配偶者と兄弟姉妹との間の遺産分割）と同様の状況となるため、本書において解説した方法と流れを参考に、遺産分割を進めていくことになる。

2 配偶者がいない場合

　個々の相続人の相続分がいずれも高額となるため、本章■4（209頁）の兄弟姉妹のみが相続人である場合と同様の状況となる。一堂に会して協議を行うといったことはしやすいが、争いとなった場合に解決に困難を伴うことは、上記において述べたとおりである。**適正な分割案の提示**と**調停等の申立のタイミング**がさらに重要となる。

著　者　紹　介

狩　倉　博　之（かりくら ひろゆき）
狩倉総合法律事務所 代表弁護士（神奈川県弁護士会所属）

（主な経歴）

1997 年 4 月　　　弁護士登録

2000 年 10 月　　　狩倉法律事務所（現 狩倉総合法律事務所）開設

2011 年 4 月　　　横浜弁護士会（現 神奈川県弁護士会）副会長

同会 法律相談センター運営委員会委員長

公益財産法人日弁連交通事故相談センター神奈川県支部支部長

等を歴任

（主な著書）

『弁護士費用特約を活用した物損交通事故の実務』（学陽書房、2020 年）

『中小企業の残業代紛争 使用者側の実務』（学陽書房、2021 年）

『7 士業が解説 弁護士のための遺産分割』（学陽書房、2022 年）

『使用者側代理人の解雇・雇止め紛争の実務対応』（学陽書房、2022 年）

（いずれも共著）

多数の相続人・疎遠な相続人との遺産分割

2023年5月16日　初版発行
2024年7月16日　6刷発行

著者　　狩倉博之

発行者　佐久間重嘉

発行所　学 陽 書 房

〒102-0072　東京都千代田区飯田橋1-9-3
営業　電話　03-3261-1111　FAX　03-5211-3300
編集　電話　03-3261-1112
http://www.gakuyo.co.jp/

ブックデザイン／LIKE A DESIGN（渡邉雄哉）
DTP制作／ニシ工芸　　印刷・製本／三省堂印刷